LAS 100 MEJORES PELICULAS DE CARACTER FANTASTICO DE LA HISTORIA DEL CINE

Cacitel, S.L.
Ediciones J.C.

José Luis Mena

UNA ACLARACIÓN NECESARIA

Tal y como venimos advirtiendo en todos los libros de esta colección, el título **«Cien mejores...»** no pretende ser un recordatorio exhaustivo de todas y cada una de las creaciones de calidad producidas en cada género, cosa por otro lado imposible, ni tampoco quiere convertirse en un rígido corsé que obligue en exceso modificando el perfil de cada uno de los temas abordados en la colección.

En el caso del «cine fantástico», hemos decidido dejar fuera de la selección algunos títulos con elemento fantástico incluido, como, por ejemplo: **«¡Qué bello es vivir!», «La naranja mecánica», «El séptimo sello», «Celine y Julie van en barco», «La rosa púrpura de El Cairo», «La ciudad de las mujeres», «El año pasado en Marienbad», «Cuentos de la luna pálida de agosto», «Orfeo»** y otros muchos de similares condiciones. Ello no se debe en modo alguno a un cuestionamiento de la indiscutible calidad de todas estas producciones, que son auténticas joyas del cine pasado y reciente. Se trata simplemente de no incluir en el presente volumen obras de un cine muy personal, con marcada autoría del director y con indudables elementos oníricos que, bajo nuestro siempre discutible punto de vista, no guardan relación con las características del resto de películas incluidas en esta guía. Pertenecen, aunque aparezcan en las encuestas que se recogen en el segundo capítulo de esta publicación, al género denominado **«cine de autor»,** al que, en un próximo futuro, dedicaremos un libro de esta colección.

Tampoco hemos contemplado en el presente libro los largometrajes de dibujos animados, a los que también dedicaremos un libro, incluyendo, por el contrario, en el campo del cine fantástico a películas de carácter infantil, como **«La princesa prometida», «Cristal Oscuro», «Los Cazafantasmas»** o **«Mary Poppins»,** aunque, como sucede en este último título, presenten múltiples escenas con mezcla de dibujos animados e imagen real.

El lector puede posiblemente echar en falta en la selección de películas que hemos realizado, títulos como **«El difunto protesta»** —o su «remake», **«El cielo puede esperar»**—; **«Big», «El jovencito Frankenstein», «Me siento rejuvenecer», «El profesor chiflado», «De ilusión también se vive»,** etc. Son largometrajes que incluiremos en el libro de esta colección dedicado a la comedia.

También hemos de señalar que, al no tener previsto elaborar un libro sobre el «cine romántico» hemos incluido en la presente publicación títulos como **«Ghost, más allá del amor»** o **«Jennie»,** correspondientes a la temática sobre fantasmas.

Por último, debemos recordar que hemos decidido no elaborar un libro sobre el cine de terror, por lo que las películas de este colectivo las hemos incluido en el anterior libro de suspense o en el presente volumen cuando presentan elementos fantásticos.

I. INTRODUCCIÓN AL GÉNERO

Aunque sumamente difícil de definir, se entiende comúnmente como cine fantástico, aquél que tiene como base principal la fantasía; es decir: todo aquello que nos remite a la imaginación, lo que, en la mayoría de los casos, significa oponerse a la realidad. El **terror** y la **ciencia ficción** son los dos pilares fundamentales en las que se asienta este tipo de cine que es, sin lugar a dudas, el que ha gozado hasta el momento de una mayor aceptación popular, pues pertenecen al mismo la mayoría de los títulos más taquilleros de toda la historia del cine.

La existencia de Festivales cinematográficos como los de **Sitges** o **Avoriaz** es otra muestra más de la importancia de este género cuyo nacimiento coincide prácticamente con el propio cine, ya que pertenecen al mismo múltiples películas de George Melies, basadas en novelas de Julio Verne como **«Viaje a la luna»** (1902).

Las modernas técnicas cinematográficas con espectaculares avances en el campo de los efectos especiales han impulsado al cine fantástico a unas cotas de calidad realmente importantes, y es precisamente en este campo donde las tres vertientes englobadas en este libro: el terror, la ciencia ficción y la fantasía, encuentran su mayor contribución al cine, sobre todo en los últimos tiempos. Hoy, por ejemplo, no se concibe el cine sin infografía, y, no podemos olvidar el último paso adelante: los **actores artificiales.** Así, se ha podido resucitar al fallecido Brandon Lee para incorporar su imagen a unas escenas de **«El cuervo»** (que el actor no pudo llegar a rodar cuando todavía estaba vivo) y hacer que **«Forrest Gump»**, el último antihéroe interpretado por Tom Hanks, le dé la mano a tres presidentes norteamericanos y asista a una entrevista junto a John Lennon.

Y todo esto se le debe al cine fantástico, en el que lo más asombroso está aún por llegar. ¿Quién sabe lo que será capaz de hacer George Lucas con toda esta tecnología a la hora de producir su segunda trilogía sobre **«La guerra de las galaxias»**?

Como le decía Deborah Kerr a Robert Mitchum en la película de John Huston: **«Sólo el cielo lo sabe».**

A) Evolución temporal del género

El cine de terror y la ciencia ficción comparten el territorio común de la fantasía desde los primeros tiempos del cine mudo, cuando los pioneros George Méliés y Segundo De Chomón entusiasmaban a un público desprevenido con adaptaciones de fábulas, clásicos y relatos modernos en su época, como los de Julio Verne.

Curiosamente la ciencia ficción no fue un género abrazado con entusiasmo por los primeros cineastas norteamericanos, que sólo produjeron ejemplos muy aislados dentro del mismo como una primera versión de **«20.000 leguas de viaje submarino»** producida en 1916 por Universal, una adaptación de **«La isla misteriosa»** que puso en pantalla en 1929 la MGM con efectos especiales de Willis O'Brien y la producción tulada **«The Last Man on Earth»** que filmó la Fox en 1924.

Por su parte, las películas de terror se inician en el cine francés y germano, con el expresionismo alemán puesto en marcha por títulos como **«El gabinete del doctor Caligari»** o una primera versión del «Dracula» de Bram Stoker disfrazada bajo el nombre **«Nosferatu»**, que pasó desapercibida a los herederos del autor del famoso vampiro; lo que llevó a su director, Murnau, a ser denunciado por plagio por la viuda de Stoker. En Estados Unidos este género tampoco tuvo un especial interés para los directores del cine mudo, aunque Edison filmó una primera adaptación de **«Frankenstein»** en 1910 y David Wark Griffith adaptó dos relatos de Edgar Allan Poe en 1914.

Sin embargo, el terror iba a tener su mejor paladín cinematográfico en Hollywood en la persona de Lon Chaney padre, actor y director de numerosas producciones que desarrolló los primeros maquillajes de horror y lanzó el género a la mayor popularidad. Años más tarde, su hijo sería el hombre-lobo oficial de los estudios Universal, que pusieron en marcha los primeros clásicos de terror: **«Drácula»**, **«La momia»**, **«El hombre-lobo»** y **«Frankenstein»** o **«El hombre insisible»;** obligando al resto de los estudios a tomarse en serio este género por sus posibilidades comerciales y patentando la imagen mítica de actores como Chaney Jr., Bela Bugosi y Boris Karloff. Las compañías cinematográficas, amparadas en realizadores como James Whale abrieron camino a la segunda oleada del género, con Jacques Tourneur y **«La mujer pantera»;** las películas sobre Zombies de Victor Halperin o la inolvidable **«El hombre y el monstruo»** de Rouben Mamoulian.

La mayor parte de esos mitos del terror serían adaptados en los sesenta por la productora británica Hammer Films, con nombres como Christopher Lee y Peter Cushing ante las cámaras y Terence Young tras ellas, y sobre todo con el color y algo más de erotismo bañando la pantalla. Hammer también produciría películas de ciencia ficción y fantasía, especialmente la saga sobre el profesor Quatermass y numerosas adaptaciones de los relatos de Edgar Rice Burroughs, como **«La tierra olvidada por el tiempo»** y varias películas sobre dinosaurios. Al mismo tiempo en Estados Unidos había pasado la época dorada de la ciencia ficción, los años ciencuenta, con personajes destacados como Byron Haskin, adaptador de **«La guerra de los mundos»** de Wells, George Pal, Jack Arnold, el guionista Richard Matheson y el creador de efectos especiales Ray Harryhausen, mago de la animación fotograma a fotograma que daría a luz una variada galería de monstruos atómicos y extraterrestres, hijos de la guerra fría y el pánico nuclear, junto a numerosas criaturas mitológicas en **«Jason y los argonautas»** y **«Furia de titanes».**

A todos ellos hay que unir el inefable Roger Corman, que hizo del terror y la ciencia ficción sus principales armas para «hacer cien films en Hollywood y nunca perder ni un céntimo», como titulaba su autobiografía. Rey indiscutible de la llamada serie B y las películas de bajo presupuesto, Corman encontró un auténtico filón en las adaptaciones de los relatos de Edgar Allan Poe protagonizados por Vincent Price, y después ha sabido mantenerse a flote como productor y director llegando hasta nuestros días como maestro, a través de la popular «factoría Corman», por la que han pasado gentes como Martin Scorsese, Francis Coppola, Jack Nicholson, Joe Dante y James Cameron.

Tras una joya de la ciencia ficción aislada: **«2001: una odisea del espacio»**, y algunas producciones de corte apocalíptico como **«Cuando el destino nos alcance»**, **«El último hombre vivo»** y **«Nueva York año 2012»;** sólo la saga de **«El planeta de los simios»** pudo anticiparse a la gran eclosión de la ciencia ficción que llegó a finales de los setenta, cuando George Lucas consiguió llevar a la pantalla su proyecto sobre **«La guerra de las galaxias»**, que demostró la capacidad del género para producir dinero.

Poco más tarde, las **«Pirañas»** y los **«Aullidos»** de Dante y Corman, servían como prólogo de la exitosa reunión de los dos géneros, ciencia ficción y terror en **«Alien»**, de Ridley Scott.

A partir de ese momento, ya nada fue lo mismo. Había llegado el tiempo de los costosos efectos especiales, la casa encantada de Amytiville, independientes como John Carpenter y David Cronenberg, los extraterrestres de Spielberg, las inquietantes fábulas de David Lynch, los alucinantes viajes al espacio de la nave Enterprise en la saga de «Star Trek», las adaptaciones de Stephen King y las peripecias de acción y ficción de James Cameron.

Hoy, los herederos de Corman se han hecho amos de la pantalla grande, y hasta Coppola se ha permitido el lujo de dirigir su particular versión de **«Drácula»** y producir el último **«Frankenstein»** dirigido por Kenneth Branagh. No se puede pedir más.

B) **Los grandes temas del género:**

• **ALIENÍGENAS.** Pobladores del espacio exterior, el cine los ha plasmado de muy diversas maneras, al reflejarlos en algunos filmes como una amenaza para nuestro planeta [**«El enigma de otro mundo»** (1951); **«Los invasores de Marte»** (1953); **«La guerra de los mundos»** (1953); **«La invasión de los ladrones de cuerpos»** (1956); **«Alien»** (1979); **«Fuerza vital»** (1985), etc.], mientras que en otros los definen como seres sabios, bondadosos, y, en algunos casos, indefensos ante el ansia de los humanos para capturarlos [**«Ultimatum a la Tierra»** (1951); **«Encuentros en la tercera fase»** (1977); **«E.T., el extraterrestre»** (1982); **«Starman»** (1984); **«Cocoon»** (1985), etc.]

Los representantes más recientes del cine sobre alienígenas son los visitantes de **«Alien Nation»** (1988), que cuentan también con su propia serie de televisión, **«Hidden»** (Oculto) (1987), que ya tiene su propia secuela, **«Abyss»** (1989), dirigida por James Cameron, una nueva versión de **«La invasión de los ladrones de cuerpos»** (1992) dirigida por Abel Ferrara, los dos **«Depredador»** (1987 y 1989), **«La cosa»** (1982), **«Están vivos»** (1991) de John Carpenter y **«Stargate»** (1994) de Roland Emmerich.

• **SATANÁS.** Ángel expulsado de los infiernos y encarnación del mal, permanece al acecho de los seres humanos intentando adueñarse de su voluntad. Ya en 1897 el pionero Melies rodó **«Faust et Marguerite»** y en 1926 Murnau dirige **«Fausto»** (Faust). Luego vinen otros filmes como **«La belleza del diablo»,** de René Clair (1950); **«Margarita de noche»** (1955), etc., revitalizando el tema Roman Polanski con su **«Semilla del diablo»,** en 1968. Las sagas de **«El exorcista»** y **«La Profecía»,** junto con otros filmes como **«La Centinela»** (1976) o **«Lucifer»** (1981), son los títulos más destacables de esta temática.

• **VIAJES POR EL TIEMPO.** El anhelo de los humanos por dominar el tiempo se intensificó de forma muy notable, cuando Einstein publicó su famosa teoría de la relatividad, si bien el éxito de la novela de H.G. Wells ya había puesto de manifiesto dicho anhelo, que no ha pasado desapercibido para el cine al realizarse múltiples películas sobre esta casuística como **«El tiempo»** (1979); **«Los héroes del tiempo»** (1981); **«Terminator»** (1984); **«El experimento Filadelfia»** (1984); **«Biggles, el viajero del tiempo»** (1985); **«El final de la cuenta atrás»** (1980); **«Time Cop»** (1994), sin olvidar, claro está, las sagas sobre **«El planeta de los simios»** y **«Regreso al futuro».**

• **ROBOTS Y COMPUTADORAS.** El poder de la técnica que surge de la llamada «segunda revolución industrial», ha sido siempre una fuenta argumental de primer orden para el cine, a través de famosos filmes como **«Metropolis»** (1925); **«Planeta prohibido»** (1955); **«2001, odisea del espacio»** (1968); **«Almas de metal»** (1973); **«Engendro mecánico»** (1976); **«Saturno 3»** (1979); **«Blade Runner»** (1982); **«Runaway, brigada especial»** (1984); **«Terminator»** (1984), la saga de **«Robocop»; «Terminator II»** (1992), etc.

• **EL CÓMIC.** El cómic y el cine son dos artes que nacen casi simultáneamente y que a lo largo de su todavía corta historia han mantenido múltiples interrelaciones de todo tipo, siendo la más destacable la correspondiente a la adaptación cinematográfica de las aventuras de los personajes que han alcanzado una notable popularidad a través de los cómics. Así, ya en los años 30 y 40 se realizaron largometrajes (muchos de los cuales constaban de varios episodios) de las figuras más relevantes del mundo del cómic como: Flash Gordon, Superman, Batman, Buck Rogers, etc. Luego, en 1954 Henry Hathaway dirigió **«El príncipe valiente»,** siguiendo a este título otros filmes destacables como **«Modesty Blaise»** (1966); **«Barbarella»** (1967); **«Superman»** (1978); **«Flash Gordon»** (1980); **«La leyenda del llanero solitario»** (1981); **«Conan el bárbaro»** (1981); **«Annie»** (1982); **«Sheena, la reina de la jungla»** (1984); **«Batman»** (199), y sus dos secuelas, **«Judge Dredd»** (1995), etc., pudiéndose integrar la mayoría de estos títulos en el campo del cine fantástico.

• **LA EXPLORACIÓN DEL ESPACIO.** Ya en 1898 George Melies realizó el filme **«La luna a un metro»**, volviendo a tratar este tema en 1902 con **«Viaje a la luna»**. A estas dos producciones siguieron **«La mujer en la luna»**, de Fritz Lang (1929) y la célebre **«Con destino a la luna»**, (1950). En 1968, con la película **«2001, odisea del espacio»** comienza lo que podríamos denominar la moderna ciencia ficción cinematográfica a la que pertenecen otros títulos posteriores como son los de la saga de **«Star Trek»** y **«Las galaxias»**, así como **«Abismo negro»** (1979); **«Los guerreros del espacio»** (1984); **«Exploradores»** (1985), etc.

• **SERES ANTINATURALES.** Los seres antinaturales, ya sea por su tamaño, estructura, u otro tipo de características constituyen las fuentes argumentales más frecuentes del cine fantástico, ya que en este apartado se pueden incluir los filmes sobre vampiros, hombres-lobo, animales monstruosos, zombies, hombres invisibles, etc., sin olvidar claro está los seres deformes a causa de un cambio o mutación, pues en este último colectivo se incluyen películas como **«La mosca»** (1958 y 1986); **«El experimento del doctor Quatermass»** (1956); **«El increíble hombre menguante»** (1956); **«El hombre con rayos X en los ojos»** (1963), etc. Además, el vampirismo ha experimentado un relanzamiento con las producciones **«Los viajeros de la noche»** (1987); **«Jóvenes ocultos»** (1987); **«Noche de miedo»** (1985) y su secuela; **«Sangre inocente»** (1992) y **«Entrevista con el vampiro»** (1994).

• **EL FUTURO DE LA HUMANIDAD.** El cine ha abordado en múltiples ocasiones una visión apocalíptica del futuro de la humanidad, ligando generalmente este hecho al uso de armas nucleares. **«La hora final»** (1954); **«Pánico infinito»** (1962); **«Punto límite»** (1964); **«Fahrenheit 451»** (1966); la saga de **«Los simios»; «Cuando el destino nos alcance»** (1973); **«Zardoz»** (1974); **«Mundo futuro»** (1976); **«La fuga de Logan»** (1976), la saga de **«Mad Max»; «Blade Runner»** (1982); **«Destructor»** (1982); **«El planeta de los buitres»** (1979); **«Nueva York 2012»** (1975); **«Demolition Man»** (1993); **«Waterworld»** (1994); y lo último de Stanley Kubrick, **«C.I.»** (1995), son algunos ejemplos significativos en este sentido, sin olvidar, claro está, los filmes **«Metropolis»**, de Fritz Lang (1926) o **«La vida futura»** (1936).

• **DINOSAURIOS.** Aunque **«Parque Jurásico»** (1993), la adaptación de una novela de Michael Crichton llevada a cabo por Steven Spielberg, parece haber hecho de los dinosaurios unos protagonistas de excepción en el cine fantástico de los noventa, lo cierto es que estos monstruos gigantescos siempre han formado parte de la iconografía del género. Fueron personajes secundarios en **«King Kong»** (1933), y en su versión más deformada forman parte de la iconografía del fantástico rodado en Japón, con **«Godzilla»** (1955), **«Gorgo»** y otros monstruos recreados por el director Inoshiro Honda para la productora Toho. Además eran los protagonistas de **«El continente perdido»** (1968); **«La tierra olvidada por el tiempo»** (1975); **«Cuando los dinosaurios dominaban la tierra»** (1969); **«El valle de Gwangi»** (1968) y **«Hace un millón de años»** (1966).

• **FANTASMAS.** Desde la etapa de **«El fantasma y la señora Muir»** (1947), hasta el pueblecido fantasma de Irlanda que le sirvió a Gene Kelly para marcarse unos pasos de baile en **«Brigadoon»** (1954), el cine fantástico ha encontrado un contacto con otros géneros a través de esos personajes, siempre esquivos a las miradas del hombre, que son los fantasmas. Los últimos años han hecho de ellos las estrellas de varias películas, caso de **«Ghost, más allá del amor»** (1990), **«Historia de fantasmas chinos»** (1989), las dos entregas de **«Los Cazafantasmas»** (1984-1989) o **«Campo de sueños»** (1988), pero lo cierto es que cuentan con una amplia tradición y numerosos precedentes que los efectos especiales de la actualidad sólo pueden mejorar en lo técnico. El resto, la base de las instrucciones de uso y disfrute de estos personajes en la narrativa cinematográfica, estaba ya en una de las obras que mejor reflejan sus inquietantes e ilimitadas posibilidades, **«El fantasma de Canterville»**, adaptada también puntualmente al cine en 1944 y 1986.

C) **Los grandes mitos del género:**

A lo largo de los cien años de existencia del cine, los grandes mitos del cine fantástico son, a nuestro juicio, los siguientes:

• **FRANKENSTEIN.** Protagonista de la homónima novela de Mary W. Shelley, que construye un hombre artificial a partir de cadáveres.

Principales filmes: «Frankenstein» (Dr. Frankenstein), de James Whale (USA) **1931; «La novia de Frankenstein»** (The bride of Frankenstein), de James Whale (USA) **1935; «La sombra de Frankenstein»** (The son of Frankenstein), de Rowlando V. Lee (USA) **1939; «La maldición de Frankenstein»** (The curse of Frankenstein), de Terence Fischer (Gran Bretaña) **1957; «La venganza de Frankenstein»** (The revenge of Frankenstein), de Terence Fisher (Gran Bretaña) **1958; «Frankenstein created woman»,** de Terence Fisher (Gran Bretaña) **1965; «El cerebro de Frankenstein»** (Frankenstein must be destroyed), de Terence Fisher **1969; «Frankenstein»** (Mary Shelley's Frankenstein), de Kenneth Branagh, **1994.**

• **DRÁCULA.** Protagonista de la homónima novela de Bram Stoker (quien se inspiró para crearlo en un noble de Transilvania llamado por su crueldad «el empalador»), es un conde-vampiro, del que nace la leyenda sobre estos «no muertos».

Principales filmes: «Nosferatu el vampiro» (Nosferatu, ene synphonie des graunes), de Wilhelm Murnau (Alemania) **1922; «Drácula»** (Dracula), de Tod Browning (USA) **1939; «La marca del vampiro»** (Mark of the vampire), de Tod Browning (USA) **1934; «Son of Drácula»,** de Robert Siodmark (USA) **1943; «Drácula»** (Horror of Dracula), de Terence Fisher (Gran Bretaña) **1957; «Las novias de Drácula»** (The brides of Dracula), de Terence Fisher (Gran Bretaña) **1960; «Nosferatu, vampiro de la noche»** (Nosferatu, phantom der nacht), de Werner Herzog (Alemania/Francia) **1979; «Drácula»** (Dracula), de John Badham (USA) **1979; «Drácula»** (Bram Stoker's Dracula), de Francis Ford Coppola, **1993.**

• **EL HOMBRE-LOBO.** La persona que en noches de luna llena se transforma en una especie de lobo antropoide, y cuya mordedura produce el mismo efecto en otras personas, es otra de las grandes fuentes argumentales del cine terrorífico.

Principales filmes: «El lobo humano» (The werewolf of London), de Stuart Walker (USA) **1935; «El hombre-lobo»** (The wolf man), de George Wagner (USA) **1941; «The curse of the werewolf»,** de Terence Fisher (Gran Bretaña) **1961; «Aullidos»** (The Howling), de Joe Dante (USA) **1980; «Un hombre lobo americano en Londres»** (An american werewolf in London), de John Landis (USA) **1981; «En compañía de lobos»** (The company of wolves), de Neil Jordan (Gran Bretaña) **1984; «Lobo»** (Wolf), de Mike Nichols, **1994.**

• **KING-KONG.** Gorila gigante descubierto en una isla de especiales características climáticas.

Principales filmes: «King-Kong» (King-Kong), de Ernest B. Schoedsack y Merian C. Cooper (USA) **1933; «Son of Kong»,** de Ernest B. Schoedsack y Robert Armstrong (USA) **1933; «El gran gorila»** (Mighty Joe Young), de Ernest B. Schoedsack (USA) **1949; «King-Kong»** (King-Kong), de John Guillermin (USA) **1976; «King-Kong II»** (King-Kong lives), de John Guillermin (USA) **1986.**

• **EL HOMBRE INVISIBLE.** Persona que obtiene la invisibilidad gracias a una pócima o por procesos químicos o físicos de cualquier tipo.

Principales filmes: «Siva el invisible» (Siva l'invisible), de Georges Melies (Francia) **1905; «El hombre invisible»** (The invisible man), de James Whale (USA) **1940; «La venganza del hombre invisible»** (Invisible man's revenge), de Ford Beebe (USA) **1944; «El hombre invisible contra la Gestapo»** (Invisible agent), de Edwin L. Marin (USA) **1944; «Memorias de un hombre invisible»** (Memors of an invisible man), de John Carpenter, **1991.**

• **SUPERMAN.** Héroe del cómic, creado en 1938. Se publicó por primera vez en el tebeo «Action Comics». Proveniente del planeta Krypton viaja, al destruirse éste, a la Tierra, donde tiene especiales poderes.

Principales filmes: «Superman» (Superman), de Spencer Gordon Bennet (USA) **1948** (episodios); **«Superman II»** (Superman II), de Richard Lester (Gran Bretaña/USA) **1980; «Superman III»** (Superman III), de Richard Lester (Gran Bretaña/USA) **1983; «Superman IV»** (Superman IV: the quest for peace), de Sidney J. Furie (USA) **1987.**

• **DR. JEKYLL Y MR. HYDE.** Protagonista de la famosa novela de Robert L. Stevenson, de 1886, acerca de un científico que descubre una pócima que hace emerger el lado perverso de la persona que la bebe.

Principales filmes: «El hombre y el monstruo» (Dr. Jekyll and Mr. Hyde), de Rouben Mamoulian (USA) **1931; «El extraño caso del Dr. Jekyll»** (Dr. Jekyll and Mr. Hyde), de Victor Fleming (USA) **1941; «Las dos caras del Dr. Jekyll»** (The two faces of Dr. Jekyll), de Terence Fisher (Gran Bretaña) **1960; «Dr. Jekyll y su hermana Hyde»** (Dr. Jekyll and sister Hyde), de Roy Ward Baker (Gran Bretaña) **1971; «Dr. Heckyl y Mr. Hype»** (Dr. Jeckyl and Mr. Hype), de Charles B. Griffith (USA) **1980; «Mary Reilly»** (Mary Reilly), de Stephen Frears, **1995.**

D) Principales «sagas cinematográficas» del género

En los años treinta y cuarenta algunos filmes de carácter fantástico pertenecientes a lo que se denomina comúnmente «serie B» se realizaban en episodios. Éste es el caso, sin ir más lejos, de las primeras adaptaciones para la pantalla de los famosos héroes del cómic «Flash Gordon» y «Superman». En concreto, en 1936 se rodó el filme norteamericano **«Flash Gordon»** (Flash Gordon), de Frederick Stepham en forma de serial de 13 episodios y en 1948 se realizó **«Superman»** (Superman), de Spencer Jordon Bennet y Thomas Carr en forma de serial de 15 episodios.

En los años 70, y especialmente en los 80, la cinematografía norteamericana se lanzó a realizar continuaciones de películas que habían obtenido gran éxito comercial, produciéndose multitud de lo que podríamos llamar «sagas cinematográficas», siendo las más destacables, dentro del género que nos ocupa, las siguientes:

• Saga de **«Viernes 13»: 8 filmes** (más una serie de televisión). Su comienzo se produjo en 1980 con la película **«Viernes 13»** (Friday the 13th), de Sean S. Cunningham.

• Saga de **«Elm Street»: 7 filmes** (más una serie de televisión). Su comienzo se produjo en 1984 con la película **«Pesadilla en Elm Street»** (Nightmare on Elm Street), de Wes Craven.

• Saga de **«Star Trek»: 7 filmes.** Su comienzo se produjo en 1979 con la película, basada en una famosa serie de televisión de los años sesenta, **«Star Trek, la película»** (Star Trek, the motion picture), de Robert Wise. En concreto, las últimas entregas de esta saga son: **«Star Trek VI, aquel país desconocido»,** y un nuevo comienzo para la saga cinematográfica que parte de la serie de televisión **La nueva generación,** con el largometraje titulado **«Star Trek: la próxima generación»** de 1994, además de dos nuevas series de televisión: **«Espacio profundo nueve»** (Deep Space Nine) y **«Viajero»** (Voyager).

• Saga de **«Los simios»: 5 filmes** (más una serie de televisión). Su comienzo se produjo en 1968 con la película **«El planeta de los simios»** (Planet of the apes), de Franklin J. Schaffner. Cuando se escriben estas líneas, el célebre cineasta Oliver Stone prepara una nueva versión de **«El planeta de los simios»** narrando la historia desde el punto de vista de los monos.

• Saga de **«Aullidos»: 5 filmes.** Su comienzo su produjo en 1980 con la película **«Aullidos»** (The howling), de Joe Dante.

• Saga de **«Tiburón»: 4 filmes.** Su comienzo se produjo en 1975 con la película **«Tiburón»** (Jaws), de Steven Spielberg.

• Saga de **«Halloween»: 4 filmes.** Su comienzo se produjo en 1978 con la película **«La noche de Halloween»** (The night of Halloween), de John Carpenter.

• Saga de **«Psicosis»: 4 filmes.** Su comienzo se produjo en 1960 con la película **«Psicosis»** (Psycho), de Alfred Hitchcock.

• Saga de **«Superman»: 4 filmes.** Su comienzo se produjo en 1978 con la película **«Superman»** (Superman, the movie), de Richard Donner. A finales de 1994 se planteó la posibilidad de añadir una quinta película a la saga que Christopher Reeve se ha negado en principio a protagonizar. Eso sí, en los últimos años se han producido dos series de televisión sobre el personaje, **«Super Boy»** y **«Lois and Clark».**

• Saga de **«Amityville: 4 filmes.** Su comienzo se produjo en 1979 con la película **«Terror en Amityville»** (The Amityville horror), de Stuart Rosemberg.

• Saga de **«La Profecía»: 4 filmes.** Su comienzo se produjo en 1976 con la película **«La Profecía»** (The Omen), de Richard Donner.

• Saga de **«El exorcista»: 3 filmes.** Su comienzo se produjo en 1973 con la película **«El exorcista»** (The exorcist), de William Friedkin.

• Saga de **«Poltergeist»: 3 filmes.** Su comienzo se produjo en 1981 con la película **«Poltergeist»** (Poltergeist), de Tobe Hooper.

• Saga de **«las galaxias»: 3 filmes.** Su comienzo se produjo en 1977 con la película **«La guerra de las galaxias»** (Star wars), de George Lucas. (Además, el largometraje «La aventura de los Ewoks», es considerado por muchas personas como un apéndice de esta saga). Desde 1994 George Lucvas ha comenzado a preparar una segunda trilogía titulada **«Las guerras clon»,** en la que mostrará el pasado juvenil del emperador, Darth Vader y Obi Wan Kenobi.

• Saga de **«Alien»: 3 filmes.** Su comienzo se produjo en 1979 con la película **«Alien, el octavo pasajero»** (Alien), de Ridley Scott.

• Saga de **«La matanza de Texas»: 3 filmes.** Su comienzo se produjo en 1974 con la película **«La matanza de Texas»** (The Texas chainsaw massacre), de Tobe Hooper.

• Saga de **«Regreso al futuro»: 3 filmes.** Su comienzo se produjo en 1985 con la película **«Regreso al futuro»** (Back to the future), de Robert Zameckis.

• Saga de **«Toxic Avenger»: 3 filmes** (no estrenados en España). Su comienzo se produjo en 1985 con la película **«Toxic Avenger»,** de Michael Herz.

• Saga de **«Mad Max»: 3 filmes.** Su comienzo se produjo en 1980 con la película **«Mad Max, salvajes de la autopista»** (Mad Max), dirigida por George Miller.

• **«Robocop»,** producción dirigida en su primera entrega por Paul Verhoeven que ha alcanzado la cifra de tres películas y cuenta también con una adaptación a la pequeña pantalla producida en Canadá.

• **«Depredador»,** dirigida por John McTiernan con Arnold Schwarzenegger como protagonista, resucitó las tradicionales peripecias de invasores de otro mundo propias de los años cincuenta. Ha alcanzado hasta el momento una secuela, pero la Fox se plantea la posibilidad de producir una nueva entrega titulada «Alien versus Depredador», en la que enfrentaría a sus dos monstruos insignia siguiéndole la pista a un tebeo publicado por Dark Horse sobre ese mismo tema.

• A las sagas con tres títulos es necesario añadir también **«Hellraiser»,** heredada de los relatos de Clive Barker; **«La historia interminable»,** adaptación de la novela de Michael Ende; **«Los inmortales», «Muñeco diabólico»** y **«Tortugas Ninja».**

Con sólo dos películas, por el momento, quedan **«Gremlins», «Cazafantasmas», «Noche de miedo», «Creepshow», «La mosca»** y **«Piraña».**

II. LAS ENCUESTAS A LOS CRÍTICOS ESPECIALIZADOS

Al igual que hicimos en los dos libros precedentes de esta colección, recogemos en este capítulo el papel del género que estudiamos en los resultados de las principales encuestas que se han realizado para determinar los mejores filmes de la historia del cine. En algunos casos, las encuestas en cuestión se centran únicamente en el cine de terror o en el llamado de ciencia ficción, mientras que este libro comprende las películas de ambos colectivos siempre que contengan elementos de carácter fantástico.

Debemos, asimismo, recordar una vez más que en este capítulo únicamente enunciamos los datos relativos al título original y director de cada película la primera vez que aparece la misma en una determinada lista.

1. LAS CLASIFICACIONES DEL INSTITUTO DE CINE BRITÁNICO

En las listas elaboradas periódicamente por esta entidad sobre los **mejores filmes de la historia del cine,** tan sólo ha aparecido, hasta el momento, un título perteneciente al colectivo que analizamos. Éste no es otro que **2001, una odisea del espacio** (2001, a space odyssey), de Stanley Kubrick, **1968.**

2. LA ENCUESTA DE JOHN KOBAL

En la relación de los **cien mejores filmes de la historia del cine,** elaborada por el malogrado analista John Kobal en **1988,** aparecieron los siguientes ocho títulos del género que estudiamos, que son:

1. **2001, una odisea del espacio** (1968), en el puesto número **dieciocho.**
2. **El ladrón de Bagdad** (The thief of Bagdad), de Berger, Powell y Wheland (1940), en el puesto **cincuenta y cinco.**
3. **El gabinete del Dr. Caligari** (Das kabinett des Dr. Caligari), de Robert Wiene (1919), en el puesto **sesenta y nueve.**
4. **A vida o muerte** (A matter of life and death), de Michael Powell y Emeric Pressburger (1946), en el puesto **setenta y ocho.**
5. **El mago de Oz** (The wizard of Oz), de Victor Fleming (1939), en el puesto **setenta y nueve.**
6. **La novia de Frankenstein** (The bride of Frankenstein), de James Whale (1935), en el puesto **ochenta.**
7. **La parada de los monstruos** (Freaks), de Tod Browning (1932), en el puesto **noventa y cinco.**
8. **La noche de los muertos vivientes** (The night of the living dead), de George A. Romero (1969), en el puesto **noventa y siete.**

3. EL ESTUDIO DE LA REVISTA «TIME OUT»

En la determinación de **los cien mejores títulos de la historia del cine,** llevada a cabo en **1989** por la prestigiada revista británica «Time Out» aparecieron los siguientes trece largometrahes de carácter fantástico:

1. **El mago de Oz** (1939), en el puesto **quince.**
2. **A vida o muerte** (1946), en elpuesto **dieciocho.**
3. **Brazil** (Brazil), de Terry Guilliam (1985), en el puesto **veintidós.**
4. **La bella y la bestia** (The belle et la bete), de Jean Cocteau (1946), en el puesto **veinticinco.**
5. **El fantasma y la Sra. Muir** (The ghost and Mrs. Muir), de Joseph Leo Mankiewicz (1947), en el puesto **cincuenta y siete.**
6. **Teléfono rojo, volamos hacia Moscú** (Dr. Stragelove, or how I learned to stop worrying and love the bomb), de Stanley Kubrick (1963), en el puesto **cincuenta y nueve.**
7. **El exorcista** (The exorcist), de William Friedkin (1973), en el puesto **sesenta y tres.**
8. **La noche de los muertos vivientes** (1969), en el puesto **sesenta y siete.**
9. **2011, una odeisea del espacio** (1968), en el puesto **setenta y uno.**
10. **Blade Runner** (Blade Runner), de Ridley Scott (1982), en el puesto **setenta y dos.**
11. **Stalker** (Stalker), de Andrei Tarkovski (1973), en el puesto **setenta y cinco.**
12. **Naves misteriosas** (Silent running), de Douglas Trumbull (1971), en el puesto **noventa y seis.**
13. **E.T., el extraterrestre** (E.T., the extraterrestrial), de Steven Spielberg (1982), en el puesto **noventa y siete.**

4. LAS LISTAS DE LA REVISTA «PREMIERE»

4.1. Al finalizar la **década de los ochenta,** la revista «Premiere» encuestó a 23 personajes vinculados al cine, entre directores y críticos cinematográficos, con el fin de averiguar **los mejores filmes de dicha década.** Entre los 35 títulos resultantes de dicha encuesta, aparecieron los tres siguientes largometrajes de carácter fantástico:

1. **E.T., el extraterrestre** (1982), en el puesto **tercero.**
2. **Inseparables** (Dead ringers), de David Cronenberg (1988), en el puesto número **once.**
3. **Robocop** (Robocop), de Paul Verhoeven (1987), en el puestos **treinta y dos.**

4.2. Esta prestigiada revista, también ha elaborado diversas listas acerca de las mejores películas de diversas temáticas. Así, en **agosto de 1992,** un jurado formado al efecto (en el que se encontraban realizadores como Terry Guilliam o John Carpenter, junto a otros nombres famosos, como Carl Sagan o Ray Harryhausen), determinó las **diez mejores películas de carácter fantástico de la historia del cine,** que resultaron ser las siguientes:

1. **2001, una odisea del espacio** (1968).
2. **Metrópolis** (Metropolis), de Fritz Lang (1926).
3. **Ultimatum a la Tierra** (The day the Earth stood still), de Robert Wise (1951).
4. **La invasión de los ladrones de cuerpos** (Invasion of the body snatchers), de Don Siegel (1956).
5. **Blade Runner** (1982).

6. **La guerra de las galaxias** (Star wars), de George Lucas (1977).
7. **La guerra de los mundos** (War of the worlds), de Byron Haskin (1953).
8. **Planeta prohibido** (Forbidden planet), de Fred Mc Leod Wilcox (1956).
9. **La naranja mecánica** (A clockwork orange), de Stanley Kubrick (1971).
10. **Alien, el octavo pasajero** (Alien), de Ridley Scott (1979).

4.3. En **noviembre de 1991,** un jurado formado por esta misma revista, con miembros tan significativos como Roger Corman, Clive Barker, John Carpenter, Wes Craven, Joe Dante, Stuart Gordon, Christopher Lee, George A. Romero o Sam Raimi, determinó como las **diez mejores películas de terror de la historia del cine** a los siguientes títulos:

1. **La novia de Frankenstein** (1935).
2. **Psicósis** (Psycho), de Alfred Hitchcock (1960).
3. **El exorcista** (1973).
4. **El doctor Frankenstein** (Frankenstein), de James Whale (1931).
5. **La noche de los muertos vivientes** (1968).
6. **Nosferatu, el vampiro** (Nosferatu, ene synphonie des graunes), de F.W. Murnau (1922).
7. **La semilla del diablo** (Rosemary's baby), de Roman Polanski (1968).
8. **El gabinete del Dr. Caligari** (1979).
9. **La matanza de Texas** (The Texas chainsaw massacre), de Tobe Hooper (1974).
10. **Repulsión** (Repulsion), de Roman Polanski (1965).

Además, este jurado dio una mención de honor a la película **Alien, el octavo pasajero** (1979).

5. LA OPINIÓN DEL DIARIO «EL PAÍS»

5.1. Como ya señalamos en nuestro libro anterior, dedicado al cine de suspense, en la **enciclopedia «Cinema»** publicada en **1990** por este periódico, Augusto M. Torres seleccionó en el fascículo dedicado a Alfred Hitchcock y al **cine de misterio y terror,** como títulos significativos del género, a los siguientes largometrajes, enunciados por **orden alfabético:**

— **Angustia,** de Bigas Luna (1986).
— **Carrie** (Carrie), de Brian De Palma (1976).
— **Cuentos de la luna pálida de agosto** (Ugestu Monogatari), de Kenji Mizoguchi (1953).
— **Las diabólicas** (Les diaboliques), de Henri-Georges Clouzot (1954).
— **Drácula** (Horror of Dracula), de Terence Fisher (1957).
— **El exorcista** (1973).
— **El extraño caso del Dr. Jekyll** (Dr. Jekyll and Mr. Hyde), de Victor Fleming (1941).
— **El fotógrafo del pánico** (Peeping Tom), de Michael Powell (1959).
— **La guerra de los mundos** (1953).
— **El hombre invisible** (The invisible man), de James Whale (1933).
— **Impulso criminal** (Compulsion), de Richard Fleischer (1959).

— **La invasión de los ladrones de cuerpos** (1956).
— **La mujer pantera** (Cat people), de Jacques Tourneur (1942).
— **Muñecos infernales** (The devil doll), de Tod Browning (1936).
— **Nosferatu, el vampiro** (1922).
— **La novia de Frankenstein** (1935).
— **Ojos sin rostro** (Les yeux sans visage), de Georges Franju (1960).
— **La parada de los monstruos** (1932).
— **El péndulo de la muerte** (The pit and the pendulum), de Roger Corman (1961).
— **Psicósis** (1960).
— **¿Qué fue de Baby Jane?** (What ever happened to Baby Jane?), de Robert Aldrich (1962).
— **El resplandor** (The shining), de Stanley Kubrick (1980).
— **La semilla del diablo** (1968).
— **Suspense** (The inocents), de Jack Clayton (1960).
— **Terciopelo azul** (Blue velvet), de David Lynch (1986).

5.2. Para conmemorar el primer centenario del cine, este periódico dedicó el suplemento dominical del pasado **26 de marzo de 1995** a la historia del llamado séptimo arte. En este suplemento, bajo el título «Cien clásicos para cien años», Antonio Albert destacaba, como títulos más significativos del cine fantástico y de terror, a los filmes que seguidamente enunciamos por orden alfabético:

— **Alien, el octavo pasajero** (1979).
— **Blade Runner** (1982).
— **Las diabólicas** (1954).
— **2001, una odisea del espacio** (1968).
— **Drácula** (Dracula), de Tod Browning (1931).
— **El exorcista** (1973).
— **El experimento del Dr. Quatermass** (The Quatermass experiment), de Val Guest (1955).
— **Fahrenheit 451** (Fahrenheit 451), de François Truffant (1966).
— **Frankenstein** (El Dr. Frankenstein) (1931).
— **La guerra de las galaxias** (1977).
— **El hombre invisible** (1933).
— **La invasión de los ladrones de cuerpos** (1956).
— **King-Kong** (King-Kong), de Ernest B. Schoedsack y Merian C. Cooper (1933).
— **La mosca** (The fly), de Kurt Neumann (1958).
— **La noche del cazador** (The night of the hunter), de Charles Laughton (1955).
— **La noche de los muertos vivientes** (1969).
— **La parada de los monstruos** (1932).
— **Psicósis** (1960).
— **La semilla del diablo** (1968).
— **Los viajeros de la noche** (Near dark), de Kathryn Bigelow (1987).

Por otro lado, en el apartado dedicado al cine mudo, Antonio Albert destaca los siguientes largometrajes de carácter fantástico.

— **El gabinete del Dr. Caligari** (1919).
— **El Golem** (Der Golem), de Paul Wegener y Henrik Galeen (1920).
— **Metrópolis** (1926).

— **Nosferatu, el vampiro** (1922).
— **Viaje a la luna** (Le voyage dans la lune), de Georges Mélies (1902).

6. LAS LISTAS DE LA REVISTA «FOTOGRAMAS»

6.1. En **1982** la revista «Fotogramas» publicó un coleccionable sobre los diversos géneros cinematográficos, que tituló «Enciclopedia Básica de...».. Pues bien, en el capítulo dedicado a la Ciencia Ficción, elaborado por Carlos Suárez Fernández, se enunciaron las siguientes películas como más significativas del género:

— **Con destino a la luna** (Destination moon), de Irving Pichel (1950).
— **2001, una odisea del espacio** (1968).
— **Fahrenheit 451** (1966).
— **Metrópolis** (1922).
— **Los Pájaros** (The Birds), de Alfred Hitchcock (1963).
— **El planeta de los simios** (Planet of the apes), de Franklin J. Schaffner (1968).
— **Planeta salvaje** (Planete sauvage), de René Laloux (1969-73).
— **Solaris** (Solaris), de Andrei Tarkovsky (1972).
— **Viaje a la luna** (1902).

6.2. En el capítulo de esta «Enciclopedia Básica de...», dedicado al terror, Carlos Frabetti destacó las siguientes películas:

— **Alien, el octavo pasajero** (1979).
— **El baile de los vampiros** (The fearless vampire killers), de Roman Polanski (1967).
— **Carrie** (1976).
— **Los diablos** (The devils), de Ken Russell (1971).
— **Drácula** (1931).
— **Drácula** (1957).
— **El abominable Dr. Phibes** (The abominable doctor Phibes), de Robert Fuest (1973).
— **El exorcista** (1973).
— **El fantasma de la ópera** (The phantom of the opera), de Rupert Julian (1925).
— **Frankenstein** (El Dr. Franjenstein) (1931).
— **El gabinete del Dr. Caligari** (1919).
— **El hombre y el monstruo** (Dr. Jekyll and Mr. Hyde), de Rouben Mamoulian (1932).
— **El jovencito Frankenstein** (Young Frankenstein), de Mel Brooks (1974).
— **King-Kong** (1933).
— **La máscara del demonio** (La maschera del demonio), de Mario Bava (1960).
— **La mujer y el monstruo** (Creature from the black lagoon), de Jack Arnold (1953).
— **La noche de los muertos vivientes** (1969).
— **Nosferatu, el vampiro** (1922).
— **Nosferatu, vampiro de la noche** (Nosferatu, phantom der nacht), de Werner Herzog (1978).

— **Psicósis** (1960).
— **Yo anduve con un zombie** (I walked with a zombie), de Jacques Tourneur (1943).

7. LA ENCUESTA DE LA REVISTA «DIRIGIDO POR»

En la relación de **los mejores filmes extranjeros de la historia del cine** resultante de la encuesta realizada a comienzos de la presente década por la revista «Dirigido Por», al llegar la misma a su número 200, aparece el filme **La parada de los monstruos** (1932), en el puesto **catorce.** Otros títulos del género que uno o varios encuestados enunciaron, como merecedores de situarse entre las mejores películas de la historia del cine, fueron, por **orden alfabético,** los siguientes:

— **Blade Runner** (1982).
— **El cerebro de Frankenstein** (Frankenstein must be destroyed), de Terence Fisher (1969).
— **2001, una odisea del espacio** (1968).
— **Drácula** (1957).
— **Frankenstein** (El Dr. Frankenstein) (1931).
— **El increíble hombre menguante** (The incredible shrinking man), de Jack Arnold (1957).
— **King-Kong** (1933).
— **El ladrón de Bagdad** (1940).
— **Metrópolis** (1922).
— **La mujer pantera** (1942).
— **La noche del demonio** (Night of the demon), de Jacques Tourneur (1956).
— **Nosferatu, el vampiro** (1922).
— **Ojos sin rostro** (1960).
— **Los pájaros** (1963).
— **The revenge of Frankenstein,** de Terence Fisher (1958).
— **Solaris** (1972).
— **Yo anduve con un zombie** (1943).
— **Vampyr, la bruja vampiro** (Vampyr), de Carl Theodor Dreyer (1931).

8. LA OPINIÓN DE «VARIETY»

En el libro de Fred Lombardi titulado «Variety, book of movie list», en el que se definen los mejores filmes de la historia del cine relativos a múltiples temáticas, aparecen varios apartados relativos al género que estudiamos.

8.1. Los diez mejores filmes de ciencia ficción, en opinión del autor de este libro son:

1. **Metrópolis** (1926).
2. **El enigma de otro mundo** (The thing), de Christian Nyby (1951).
3. **El hombre del traje blanco** (The man in the white suit), de Alexander MacKendrick (1952).
4. **La invasión de los ladrones de cuerpos** (1956).

5. **Ojos sin rostro** (1960).
6. **Lemmy contra Alphaville** (Alphaville), de Jean-Luc Godard (1965).
7. **Solaris** (1972).
8. **Dark Star,** de John Carpenter (1974).
9. **Stalker** (1979).
10. **Blade Runner** (1982).

8.2. Asimismo, para Fred Lombardi las **diez mejores películas de carácter fantástico** son:

1. **King-Kong** (1933).
2. **Sueño de amor eterno** (Peter Ibbetson), de Henry Hathaway (1935).
3. **El ladrón de Bagdad** (1940).
4. **El difunto protesta** (Here comes Mr. Jordan), de Alexander Hall (1941).
5. **Orfeo** (Orphée), de Jean Cocteau (1949).
6. **El séptimo sello** (Det sjunde inseglet), de Ingmar Bergman (1956).
7. **Celine y Julia van en barco** (Celine et Julie vont en bateau), de Jacques Rivette (1974).
8. **La ciudad de las mujeres** (La citta delle donne), de Federico Fellini (1980).
9. **La rosa púrpura de El Cairo** (The purple rose of Cairo), de Woody Allen (1985).
10. **Las aventuras del Barón de Munchausen** (The adventures of Baron Munchausen), de Terry Guilliam (1989).

8.3. Por último, para el autor de esta publicación, los **diez mejores títulos de terror** son:

1. **Nosferatu, el vampiro** (1922).
2. **Vampyr, la bruja vampiro** (1931).
3. **La parada de los monstruos** (1932).
4. **Satanás** (The black cat), de Edgar G. Ulmer (1934).
5. **Al morir la noche** (Dead of night), de Alberto Cavalcanti, Robert Hamer y Basil Dearden (1945).
6. **El fotógrafo del pánico** ( ).
7. **La noche de los muertos vivientes** (1968).
8. **Suspiria** (Suspiria), de Dario Argento (1977).
9. **Cromosoma Tres** (The brood), de David Cronenberg (1979).
10. **Dance of the damned,** de Andy Ruben (1988).

III. EL CINE FANTÁSTICO Y LOS OSCARS DE HOLLYWOOD

Tal y como hemos delimitado el cine fantástico, los filmes de este tipo que hasta el momento han sido oscarizados por la Academia de Hollywood son los que se relacionan, por orden alfabético, en la página siguiente, junto con las estatuillas conseguidas y el año correspondiente.

En concreto, el **balance** que presenta el cine que estudiamos en este aspecto puede resumirse de la siguiente forma:

- **Número total de filmes oscarizados: 49.**

- **Filmes ganadores de más de un Oscar: 17,** con la siguiente diversificación:

– Seis estatuillas: 1	(«La guerra de las galaxias»).
– Cinco estatuillas: 1	(«Mary Poppins»).
– Cuatro estatuillas: 2	(«E.T» y «Terminator II»).
– Tres estatuillas: 5	(«Drácula»; «El ladrón de Bagdad»; «El mago de Oz»; «Parque Jurásico» y «¿Quién engañó a Roger Rabbit?»).
– Dos estatuillas: 8	(«Aliens, el regreso»; «Cocoon»; «El exorcista»; «El fantasma de la ópera»; «Ghost»; «Horizontes perdidos»; «El imperio contraataca» y «Viaje alucinante»).

- **Ningún filme** de este género **ha conseguido el Oscar a la mejor película o al mejor director,** pero cuatro títulos han sido nominados en ambos apartados («E.T.»; «El exorcista»; «La guerra de las galaxias» y «Mary Poppins»). Además, otros cuatro títulos lograron ser nominados para el Oscar a la mejor película («Campo de sueños»; «Ghost»; «Horizontes perdidos» y «El mago de Oz»), y otros dos en el apartado de mejor director («2001, una odisea del espacio» y «Encuentros en la tercera fase»).

- **Sólo una película de carácter fantástico ha logrado el Oscar destinado al mejor actor** («El hombre y el monstruo»), si bien, otras tres fueron nominadas en esta categoría («El hombre que vendió su alma»; «Los niños del Brasil» y «Starman»).

- Asimismo, **sólo un título** («Mary Poppins»), **se ha llevado el Oscar correspondiente a la mejor actriz,** pero otros cinco largometrajes han sido nominados en esta categoría («Aliens, el regreso»; «Carrie»; «El exorcista»; «Peggy Sue se casó» y «Resurrección»).

- La mayoría de los filmes oscarizados de este género han conseguido galardones de los llamados secundarios, siendo los relativos a efectos especiales los más numerosos. De hecho, **tan sólo seis películas han obtenido una estatuilla** de las consideradas como principales. Estos títulos son: «Cocoon»; «El exorcista»; «Ghost»; «El hombre y el monstruo»; «Mary Poppins» y «La semilla del diablo».

- **Seis títulos** de este género son los que se han llevado el **Oscar correspondiente a la mejor música original** («E.T.»; «La guerra de las galaxias»; «El hombre que vendió su alma»; «El mago de Oz»; «Mary Poppins» y «La profecía».

PELÍCULAS DEL GÉNERO OSCARIZADAS
(Por orden alfabético)

Título	Año	Nº Oscars	Concepto
– Abyss, el secreto	1989	1	• Efectos visuales
– Alien, el octavo pasajero	1979	1	• Efectos especiales
– Aliens, el regreso	1986	2	• Efectos visuales • Efectos sonoros
– Batman	1989	1	• Dirección artística
– Big Foot y los Henderson	1987	1	• Maquillaje
– Bitelchus	1988	1	• Maquillaje
– La bruja novata	1971	1	• Efectos especiales
– El chip prodigioso	1987	1	• Efectos especiales
– Cocoon	1985	2	• Actor secundario • Efectos visuales
– Con destino a la luna	1950	1	• Efectos especiales
– Cuando los mundos chocan	1951	1	• Efectos especiales
– Desafío total	1990	1	• Efectos especiales
– 2001, una odisea del espacio	1968	1	• Efectos especiales
– Drácula	1992	3	• Efectos sonoros • Maquillaje • Vestuario
– Encuentros en la tercera fase	1977	1	• Fotografía
– E.T., el extraterrestre	1982	4	• Sonido • Banda sonora original • Efectos visuales • Efectos sonoros
– El exorcista	1973	2	• Guión adaptado • Sonido
– El fantasma de la ópera	1943	2	• Fotografía en color • Decoración en color
– La fuga de Logan	1976	Oscar especial	• Efectos especiales
– Ghost, más allá del amor	1990	2	• Actriz secundaria • Guión original
– El gran gorila	1949	1	• Efectos especiales
– La guerra de las galaxias	1977	5 y un Oscar especial	• Banda sonora original • Decoración • Sonido • Efectos especiales (especial) • Vestuario
– La guerra de los mundos	1953	1	• Efectos especiales
– Un hombre lobo americano en Londres	1981	1	• Maquillaje

Título	Año	Nº Oscars	Concepto
– El hombre que vendió su alma	1941	1	• Banda sonora en filme dramático
– El hombre y el monstruo	1931/32	1	• Actor
– Horizontes perdidos	1937	2	• Decoración • Montaje
– El imperio contraataca	1980	1 y un Oscar especial	• Sonido • Efectos especiales (especial)
– Jennie	1948	1	• Efectos especiales
– King-Kong	1976	Oscar especial	• Efectos especiales
– El ladrón de Bagdad	1940	3	• Efectos especiales • Decoración en color • Fotografía en color
– El mago de Oz	1939	2 y un especial	• Canción • Música original • Actriz juvenil (especial)
– El maravilloso mundo de los hermanos Grim	1962	1	• Vestuario en color
– Mary Poppins	1964	5	• Actriz • Efectos visuales • Banda sonora original • Canción • Montaje
– La Mosca	1986	1	• Maquillaje
– La muerte os sienta tan bien	1992	1	• Efectos visuales
– Parque Jurásico	1993	3	• Sonido • Efectos visuales • Efectos de sonido
– El pequeño gigante	1958	1	• Efectos especiales
– El planeta de los simios	1968	Oscar especial	• Maquillaje
– La Profecía	1976	1	• Banda sonora original
– ¿Quién engañó a Roger Rabbit?	1988	3	• Efectos sonoros • Efectos visuales • Montaje
– Regreso al futuro	1985	1	• Efectos sonoros
– El retorno del Jedi	1983	Oscar especial	• Efectos especiales
– El retrato de Dorian Gray	1945	1	• Fotografía en blanco y negro
– La semilla del diablo	1968	1	• Actriz secundaria
– Superman	1978	Oscar especial	• Efectos especiales
– Terminator II	1991	4	• Sonido • Efectos de sonido • Efectos visuales • Maquillaje
– El tiempo en sus manos	1960	1	• Efectos especiales
– Viaje alucinante	1966	2	• Efectos visuales • Decoración en color

IV. LA TAQUILLA

Cuando se escriben estas líneas (abril de 1995), **las tres películas más taquilleras de todos los tiempos en Estados Unidos tienen un carácter fantástico,** al ser las siguientes:

1. **E.T., el extraterrestre** (E.T., the extraterrestrial), de Steven Spielberg **(1982).**
2. **Parque Jurásico** (Jurassic Park), de Steven Spielberg **(1993).**
3. **La guerra de las galaxias** (Star wars), de George Lucas **(1977).**

Además, otros dos filmes del género se encuentran entre **los diez más taquilleros,** siendo éstos los siguientes:

4. **El retorno del Jedi** (Return of the Jedi), de Richard Marquand **(1983).**
5. **Batman** (Batman), de Tim Burton **(1989).**

Puede pues afirmarse, que la mitad de la lista de **las diez películas más taquilleras de la historia, en Estados Unidos, está formada por títulos de carácter fantástico.** Esta circunstancia se produce también en prácticamente la totalidad de los otros países del mundo, habiendo estudiado Sergio Navarro el caso español, y publicado sus conclusiones en un artículo publicado en la revista «Cinerama», titulado «La Ciencia Ficción y el fantástico en la taquilla española», en el que pone de manifiesto que «los géneros Fantástico y Ciencia Ficción representan por sí solos entre un 25 y un 30 por ciento de los beneficios obtenidos en las taquillas españolas durante años».

Volviendo al mercado norteamericano, tras los cinco largometrajes ya enunciados la relación de los títulos de carácter fantástico más taquilleros presenta el siguiente orden:

6. **El imperio contraataca** (The empire strikes back), de Irving Kershner **(1980).**
7. **Los Cazafantasmas** (Ghostbusters), de Ivan Reitman **(1984).**
8. **Terminator 2** (Terminator 2, Judment day), de James Cameron **(1991).**
9. **Regreso al futuro** (Back to the future), de Robert Zemeckis **(1985).**
10. **Batman vuelve** (Batman returns), de Tim Burton **(1992).**
11. **Ghost, más allá del amor** (Ghost), de Jerry Zucker **(1990).**
12. **El exorcista** (The exorcist), de William Friedkin **(1973).**
13. **Superman** (Superman), de Richard Donner **(1978).**
14. **Encuentros en la tercera fase** (Close encounters, of the third kind), de Steven Spielberg **(1977).**
15. **Gremlins** (Gremlins), de Joe Dante **(1984).**

Otros títulos del género que analizamos que pueden considerarse «boom» comerciales son:

— **Años 30:** **«Horizontes perdidos»; «King Kong»;** y **«El mago de Oz».**
— **Años 60:** **«Mary Poppins».**
— **Años 70:** **«Alien, el octavo pasajero»** y **«Star Trek, la película».**
— **Años 80:** **«Cariño, he encogido a los niños»; «¿Quién engañó a Roger Rabbit?»; «Regreso al futuro II»** y **«Superman II».**
— **Años 90:** **«Desafío total»; «Entrevista con el vampiro»; «La máscara»** y **«Los Picapiedra».**

V. NUESTRA SELECCIÓN

En consonancia con lo **enunciado** en los **capítulos precedentes,** y contemplando la historia del género desde la **perspectiva actual,** los cien filmes más destacables del cine fantástico, enunciados alfabéticamente, son, a nuestro juicio, los siguientes:

Si procedemos a **diversificar por décadas** los cien títulos escogidos, el resultado es el siguiente cuadro:

Años	10	1
»	20	4
»	30	11
»	40	4
»	50	10
»	60	10
»	70	9
»	80	42
»	90	9
		100

Como vemos, la década de los ochenta ha sido en este género de una importancia capital, a consecuencia de lo que se ha denominado «plena madurez del cine fantástico», originada, entre otros factores, por un espectacular desarrollo de las técnicas de efectos especiales.

En lo que respecta a los **directores** de los largometrajes escogidos, destacan los siguientes nombres:

- **James Cameron** y **Steven Spielberg,** con **cuatro títulos.**
- **John Carpenter, Richard Donner** y **James Whale,** con **tres títulos.**
- **Jack Arnold, Tod Browning, Tim Burton, David Cronenberg, Joe Dante, Terence Fisher, Stanley Kubrick, Roman Polanski, Ridley Scott, Jacques Tourneur, Paul Verhoeven, Robert Wise** y **Robert Zemeckis,** con **dos títulos.**

Cuando la luz se desvanece...
empieza la aventura
ABYSS
EL SECRETO...
ED HARRIS • MARY ELIZABETH MASTRANTONIO • MICHAEL BIEHN
DISEÑO DE PRODUCCION LESLIE DILLEY DIRECTOR DE FOTOGRAFIA MIKAEL SALOMON PRODUCIDO POR GALE ANNE HURD
MUSICA DE ALAN SILVESTRI
ESCRITO Y DIRIGIDO POR JAMES CAMERON

ABYSS

SINOPSIS

Un submarino nuclear sufre un misterioso fallo de energía y choca contra un sistema rocoso en el fondo del océano. Bud Brigman (Ed Harris) y su equipo, especializados en exploraciones en pozos petrolíferos marinos, son contratados para la búsqueda de supervivientes. En el último minuto se les añade la ex mujer de Brigman, Lindsey (Mary Elizabeth Mastrantonio), diseñadora del sumergible en el que viajarán a las profundidades marinas. El equipo no encuentra más que cadáveres flotando dentro del submarino. Mientras tanto, Lindsey ha tenido un encuentro con una especie de medusa. Sospecha que se trata en realidad de un amistoso alien. Los efectos de un huracán en la superficie hace que se corten las comunicaciones con el barco comando, con lo que la permanencia del equipo bajo el agua puede prolongarse de forma peligrosa. Otra extraña criatura se presenta a bordo. El inicio de una incipiente amistad con estos seres extraterrestres es abortado cuando el teniente Coffey (Michael Biehn), jefe del grupo sufre alucionaciones debido a un síndrome nervioso provocado por la presión del agua, poniendo en peligro no sólo al grupo que comanda sino a toda la humanidad. Coffey cree que la extraña criatura que ha visto es, en realidad, un arma de guerra soviética y está dispuesto a aniquilarlo utilizando el armamento nuclear del submarino...

CONSIDERACIONES

Otro excelente filme de carácter fantástico de un realizador experimentado en este campo, al haber también dirigido «Aliens, el regreso» y «Terminator».

Estrenada en Westwood el 2 de agosto de 1989, esta película logró el Oscar de Hollywood correspondiente a los mejores efectos visuales siendo también nominada para las estatuillas destinadas al mejor sonido, mejor dirección artística y mejor fotografía.

Desde luego, «Abyss» es una magnífica superproducción, que algunas personas han definido como un «encuentros en la tercera fase» en un mundo submarino. El realizador, James Cameron escribió la historia que narra este filme cuando aún era un estudiante de 17 años. Tuvo que esperar otros 17 años para verla convertida en imágenes. «Abyss» se rodó en cinco meses, siendo una de las producciones más difíciles emprendidas por el cine americano en toda su historia.

FICHA TECNICA

Título original	Abyss
Año	1989
Director	James Cameron
Guión	James Cameron
Fotografía	Mikael Salomon
Música	Alan Silvestri
Duración	140 minutos Color

FICHA ARTISTICA

Ed Harris	Bud Brigman
Mary Elizabeth Mastrantonio	Lindsey Brigman
Michael Biehn	Teniente Coffey
Leo Burmester	Catfish De Vries
Todd Graff	Alan "Hippy" Carnes
Kimberly Scott	Lisa Standing
J.C. Quinn	"Sonny" Dawson

A L I E N
EL 8. PASAJERO
En el espacio nadie puede oír tus gritos.
A L I E N
EL 8.º PASAJERO
TOM SKERRITT SIGOURNEY WEAVER VERONICA CARTWRIGHT HARRY DEAN STANTON
JOHN HURT IAN HOLM y YAPHET KOTTO como PARKER
PRODUCTOR EJECUTIVO RONALD SHUSETT PRODUCIDA POR GORDON CARROLL, DAVID GILER y WALTER HILL DIRIGIDA POR RIDLEY SCOTT
GUION ESCRITO POR DAN O'BANNON y RONALD SHUSETT BASADA EN LA HISTORIA DE DAN O'BANNON MUSICA JERRY GOLDSMITH PANAVISION® EASTMAN KODAK COLOR®

ALIEN, EL 8º PASAJERO

SINOPSIS

La aventura de "Alien" comienza a bordo de la nave espacial "Nostromo", la tripulación la componen cinco hombres y dos mujeres. Todos se encuentran sumidos en un letargo que les evitará sufrir los rigores de un viaje interplanetario muy largo.

La impresionante máquina se desliza desde hace tiempo a través del gran silencio galáctico cuando sus pasajeros son súbitamente sorprendidos por un hecho imprevisto: el ordenador de a bordo acaba de interceptar un mensaje de procedencia desconodida que ha trastocado completamente toda la información archivada en su memoria haciéndole insensible a cualquier otra, sea del origen que sea.

Después de una larga carrera, la nave acaba por posarse en un planeta desconocido, del que todo parece indicar que no pertenece a nuestra galaxia. Algunos de los astronautas deciden partir en misión de reconocimiento y descubren los restos que, aparentemente, han debido ser de otro viajero del espacio. Pero aquello que tienen delante de sí no se parece a nada que les sea conocido y ninguno de ellos ha encontrado jamás en parte alguna trazos de la posible existencia de seres como aquél.

Pero el misterio se hace aún más denso cuando se manifiesta la presencia de una forma de vida desconocida que parece la de un organismo perfecto y que posee todas las características de un ser superior. Esta extraña criatura, dotada de una inteligencia fuera de lo común, que desafía el conocimiento humano, sube a bordo de la nave y no tarda en sembrar una total confusión. Enfrentados a esta fuerza que les supera, los astronautas se encuentran en posición de víctimas.

CONSIDERACIONES

"Alien, el 8º pasajero" obtuvo el Oscar de Hollywood correspondiente a los mejores efectos especiales, siendo nominada para el de mejor dirección artística. Constituye un "remake" de otro filme de Edward L. Cahn, de 1959, titulado "The terror for Beyond". Su éxito comercial fue enorme dando lugar en 1986 a una continuación titulada "Aliens, el regreso" (Aliens), que también logró los oscars de Hollywood correspondiente a los mejores efectos visuales y sonoros, siendo además nominada para los relativos a la mejor actriz, música original, dirección artística, montaje y sonido.

"Alien, el 8º pasajero" es ya todo un clásico de la llamada moderna ciencia ficción, habiendo catapultado a la fama a la entonces desconocida actriz Sigourney Weaver a quien, a raiz de este filme muchas personas la denominarían "la chica de las braguitas de Alien", al impactar en el espectador las escenas en las que aparece luciendo esta íntima prenda.

El realizador Ridley Scott también obtuvo un merecido prestigio internacional a causa de este largometraje, que ha pasado a ser uno de los títulos básicos del llamado 'cine terrorírifico galáctico".

FICHA TECNICA	
Título original	Alien
Año	1979
Director	Ridley Scott
Guión	Dan O'Bannon
Fotografía	Derek Vanlint
Música	Jerry Goldsmith
Duración	115 minutos
	Color

FICHA ARTISTICA	
Sigourney Weaver	Ripley
Tom Skerritt	Capitán Dallas
Verónica Cartwright	Lambert
Harry Dean Stanton	Brett
John Hurt	Kane
Ian Holm	Ash
Yaphet Kotto	Parker

ALIENS
EL REGRESO

ALIENS, EL REGRESO

SINOPSIS

La oficial de seguridad Ripley, única superviviente del horror espacial que destruyó la nave de investigación «Nostromo», es rescatada cincuenta años después a bordo de una cápsula salvavidas.

Ripley despierta de su letargo en la estación Gateway, cercana a la órbita de la Tierra; para ella sólo han transcurrido varias horas desde aquellos espantosos sucesos. Aterrada habla a un comité de investigación de la monstruosa criatura alienígena que se gestaba en el interior de un ser humano y cuya sangre es ácido concentrado. El citado comité de la estación Gateway se muestra hostil a sus palabras, pero en la superficie volcánica del planeta Acheron un matrimonio de investigación se topa con una nave fácilmente reconocible como extraterrestre; entran y descubren miles de huevos de extraña apariencia. La pesadilla ha vuelto a comenzar.

CONSIDERACIONES

«Alien, el regreso» ganó los oscars correspondientes a los mejores efectos visuales y sonoros, siendo además nominada para los premios destinados a la mejor actriz, música original, dirección artística, montaje y sonido.

El clamoroso éxito del filme «Alien, el octavo pasajero», de Ridley Scott, pedía a gritos una continuación, porque, además, el final de la película daba claramente pie a esta circunstancia. Pues bien, la presente película es la segunda parte de este mítico largometraje, que, desde luego, no ha defraudado en absoluto a los que se entusiasmaron viendo el original, pues «Aliens, el regreso» es una película de ciencia-ficción de gran calidad.

Dirigida por James Cameron, quien anteriormente realizó el célebre largometraje «Terminator», los principales protagonistas de este título son, lógicamente, las criaturas y efectos especiales que motivan la credibilidad de la historia, habiéndose, por ello, buscado a los mejores especialistas en este campo, como Stan Wilson, que ha participado decisivamente en otros famosos filmes de ciencia-ficción como «La cosa», «Starman», el citado «Terminator», etc.

FICHA TECNICA	
Título original	Aliens
Año	1986
Director	James Cameron
Guión	James Cameron
Fotografía	Adrian Biddle
Música	James Horner
Duración	137 minutos
	Color

FICHA ARTISTICA	
Sigourney Weaver	Ripley
Michael Biehn	Hicks
Carrie Henn	Newt
Paul Reiser	Burke
William Hope	Teniente Gorman
Rico Ross	Frost
Al Matthews	Sargento Apone

ATMOSFERA CERO
(OUTLAND)
SEAN CONNERY en
"ATMOSFERA CERO"
PETER BOYLE
FRANCES STERNHAGEN · JAMES B. SIKKING · KIKA MARKHAM
producida por RICHARD A. ROTH productor ejecutivo STANLEY O'TOOLE
música de JERRY GOLDSMITH escrita y dirigida por PETER HYAMS

ATMOSFERA CERO

SINOPSIS

«Atmósfera cero» es una película de aventuras-ciencia-ficción y relata la vida de unos mineros que trabajan en la tercera luna de Júpiter, base espacial de la Tierra. La compañía Amalgamate trata de conseguir de sus hombres el récord de producción de titanio y para ello no dudará en suministrarles drogas con el fin de lograr su objetivo. Los hombres están contratados por un año, durante el cual duermen en pequeñas habitaciones, agrupadas como si fueran ratoneras.

La llegada de un nuevo comisario (Sean Connery) enviado por el servicio de seguridad para controlar la ley y el orden en la base, es recibida por el gobernador de la misma con cierto excepticismo. Un día, se produce un estado de alarma: algunos mineros han sufrido un extraño síntoma de locura, llegando a atacar a sus compañeros.

El comisario inicia una investigación para esclarecer lo ocurrido, pero durante la misma no recibe ayuda de nadie, excepto de la doctora de la base. Descubren una serie de experimentos humanos, que son los causantes de la locura de los hombres. Todos los experimentos humanos están controlados por el gobernador.

El comisario tiene una entrevista con el responsable y se producirá el enfrentamiento entre ambos.

CONSIDERACIONES

En algunos medios cinematográficos se ha tildado a este film como el «Solo ante el peligro» en versión espacial, lo que no es del todo falso si tenemos en cuenta que se trata de una especie de «western» aunque ambientado en una luna volcánica de Júpiter, y con la consabida disputa a muerte entre buenos y malos. Lo cierto, es que el realizador Peter Hyams logra con este filme que el espectador siga con interés el desarrollo de la historia, para lo que se apoya indiscutiblemente en el trabajo de Philip Harrison al frente del diseño de producción y fotografía de Stephen Goldblatt.

«Atmósfera cero» trata de dar una visión futurista de lo que podría pasar dentro de cien años, cuando la Tierra pueda encontrarse en una situación en la que la humanidad se ve obligada a buscar nuevos sistemas para poder sobrevivir.

FICHA TECNICA

Título original	Outland
Año	1981
Director	Peter Hyams
Guión	Peter Hyams
Fotografía	Stephen Goldblat
Música	Jerry Goldsmith
Duración	115 minutos Color

FICHA ARTISTICA

Sean Connery	William T.O'Neal
Peter Boyle	Mark Sheppard
Frances Sterhagen	Doctora Marian Lazarus
James B. Sikking	Montone
Kika Markham	Carol
Clarke Peters	Ballard
Steven Berkoff	Sagan
Nicholas Barnes	Paul O'Neil

¡¡AULLIDOS!!
(THE HOWLING)
DEE WALLACE · PATRICK MACNEE
BELINDA BELASKI · JOHN CARRADINE
Música de PINO DONAGGIO
Dirigida por JOE DANTE

AULLIDOS

SINOPSIS

Narra «Aullidos» cómo una locutora de televisión es perseguida por un maníaco sexual que acaba siendo eliminado por un policía. La pesadilla no ha terminado sin embargo, para dicha locutora, por cuanto el tal maníaco está relacionado con una colonia de hombres-lobo.

CONSIDERACIONES

La magnífica labor de los maquilladores, así como la existencia de algunas escenas de humor de gran calidad y otras de terror, hacen que esta película sea muy destacable y, desde luego, puede considerarse como uno de los títulos más brillantes del moderno cine terrorífico y, en especial, de la filmografía existente sobre los hombre-lobo.

La interpretación es correcta por parte de todos los componentes del reparto de actores y excelente la labor de maquillaje por parte de Rick Baker, siendo, por este hecho, auténticamente magistrales algunas escenas de este filme.

«Aullidos» está basada en la novela del mismo título de Gary Brander y tuvo en Inglaterra y Estados Unidos un gran éxito comercial, dando lugar a cuatro secuelas (Howling II; III; IV y V) que en nuestro país tan sólo hemos podido ver a través de su edición videográfica.

FICHA TECNICA	
Título original	The howling
Año	1981
Director	Joe Dante
Guión	John Sayles y Terence H. Winkless
Fotografía	John Hora
Música	Pino Donaggio
Duración	90 minutos Color

FICHA ARTISTICA	
Dee Wallace	Karen
Patrick Macnee	Dr. George Wagner
Dennis Dugan	Chirs
Christopher Stone	Bill Neill
Robert Picarda	Eddie
Belinda Balaski	Terry Fisher

EL BAILE DE LOS
VAMPIROS
JACK MacGOWRAN · SHARON TATE · ALFIE BASS
FERDY MAYNE · ROMAN POLANSKI
ARGUMENTO Y GUION: ROMAN POLANSKI Y GERARD BRACH
PRODUCTOR EJECUTIVO: MARTIN RANSOHOFF
PRODUCCION: GENE GUTOWSKI
DIRECTOR:
ROMAN POLANSKI
A CADRE FILMS
FILMWAYS PRODUCTION

EL BAILE DE LOS VAMPIROS

SINOPSIS

Cuando el profesor Abronsius y su fiel ayudante Alfred llegan a una posada en Transilvania, en el corazón de la Europa Central, aquél se anima extraordinariamente, como suele ocurrir con los grandes científicos, puesto que repentinamente da con una pista que le conducirá a la verdad que busca. Allí, colgadas de las vigas, hay varias ristras de ajos. La jovialidad del posadero, Yoine Shagal, desaparece tan pronto como le preguntan por los ajos y se limita a farbullar mentiras.

El profesor y su ayudante salieron decididos a cazar y destrozar una misteriosa figura que había atemorizado a varias generaciones: los terribles vampiros que azotaban a Slovonia. El profesor está convencido de que los ajos demuestran que los habitantes de la localidad viven bajo el temor de un vampiro que reside en ella.

La nerviosidad con que el posadero contesta a cuantas preguntas se le hacen y la presencia de su bella hija Sarah, que se baña en una tina en la habitación reservada a los forasteros, confirman las sospechas de Abronsius, quien al mirar por el ojo de la cerradura, ve a Sarah en el baño conversando con un hombre que se halla de espaldas a la puerta. Cuando el mismo se vuelve, Alfred descubre, estupefacto, que el desconocido tiene facciones de vampiro y en el cuello de la hermosa Sarah han quedado dos huellas de sangre.

CONSIDERACIONES

Primera película en color del famoso realizador Roman Polanski, quien antes de dirigirla ya había conseguido un merecido prestigio gracias a filmes como «Repulsión». Impulsado por su espíritu inquieto, Polanski quiso penetrar en el mito del vampirismo con ironía y así rodó el presente largometraje con el que puso de manifiesto su extraordinario ingenio. En él Polanski trabajó, no sólo como director, sino también como guionista, productor y actor.

En «EL baile de los vampiros», Polanski ha convertido un relato horripilante en una historia desenfadada, cómica y plena de sugerentes escenas, alguna de las cuales permite a la que fue su mujer, Sharon Tate, mostrar su indiscutible belleza. Es mas, ésta es la película más conocida de esta preciosa actriz, quien, como es bien sabido, fue objeto de un macabro asesinato de índole ritual a cargo de la banda del siniestro Manson.

FICHA TECNICA

Título original	The fearless vampire killers
Año	1968
Director	Roman Polanski
Guión	Roman Polanski y Gerard Brach
Fotografía	Douglas Slocumbe
Música	Krystof Komeda
Duración	100 minutos Color

FICHA ARTISTICA

Roman Polanski	Alfred
Sharon Tate	Sarah
Jack Mac Gowran	Profesor Abronsius
Alfie Bass	Yane Shagal
Ferdy Mayne	Conde Krolock
Terry Downes	Koukol
Jessie Robbins	Rebecca

BATMAN
JACK NICHOLSON MICHAEL KEATON KIM BASINGER GUBER-PETERS COMPANY Producción
TIM BURTON Film "BATMAN" ROBERT WUHL PAT HINGLE BILLY DEE WILLIAMS MICHAEL GOUGH y JACK PALANCE Editor RAY LOVEJOY
Diseño ANTON FURST Canciones PRINCE Música DANNY ELFMAN Promotores ejecutivos BENJAMIN MELNIKER y MICHAEL USLAN Co-productor CHRIS KENNY
Basado en los personajes creados por BOB KANE y publicados por DC COMICS Argumento SAM HAMM Screenplay SAM HAMM y WARREN SKAAREN
Producido por JON PETERS & PETER GUBER Dirigido por TIM BURTON

BATMAN

SINOPSIS

La ciudad de Gotham se encuentra asolada por la violencia, la anarquía y la corrupción. Los malvados Carl Grisson (Jack Palance) y Jack Napier (Jack Nicholson) dominan la ciudad, pero han de enfrentarse a un justiciero enmascarado, con aspecto de murciélago, llamado Batman. Éste origina que Jack Napier sufra un terrible accidente, que le producirá enormes cicatrices en su cara. Para ocultarlas cubre su rostro con un maquillaje, adoptando, en consonancia al mismo, el apodo de «El Joker».

Batman es, en realidad, el multimillonario Bruce Wayne, que oculta celosamente su personalidad de justiciero para poder combatir contra el mal, misión a la que se dedica en cuerpo y alma, debido a que sus padres fueron asesinados por unos malhechores. Al enamorarse de la bella periodista, Vicki Vale, las cosas se complican para este singular héroe.

CONSIDERACIONES

Un filme que ya es mítico, al haber sido no sólo el más taquillero en 1989 en el mercado de USA y Canadá, sino uno de los más taquilleros de toda la historia del cine. Además ganó el oscar de Hollywood a la mejor dirección artística. Su éxito popular ha originado una continuación, Batman II, que ha sido otro «bombazo comercial», así como un tercer filme aún no estrenado en España.

Batman constituye la adaptación cinematográfica del cómic creado por Bob Kane en 1939. Dirigida por Tim Burton, quien previamente había logrado un claro triunfo con «Bitelchus», Batman es una superproducción que ha originado toda una impresionante operación de marketing llamada «Batmanía». Es, en definitiva, un típico fenómeno de la sociedad de consumo en general y de norteamerica en particular.

FICHA TECNICA

Título original	Batman
Año	1989
Director	Tim Burton
Guión	Sam Hamm y Warren Skaaren
Fotografia	Roger Pratt
Musica	Danny Elfman
Duración	125 minutos Color

FICHA ARTISTICA

Michael Keaton	Batman/Bruce Wayne
Jack Nicholson	Joker/Jack Naipier
Kim Basinger	Vicki Vale
Robert Wuhl	Alexander
Pat Hingle	Gordon
Billy Dee Williams	Harvey Dent

El Beso de la Pantera
Una fantasía erótica
NASTASSIA KINSKI • MALCOLM McDOWELL • JOHN HEARD • ANNETTE O'TOOLE
Producida por CHARLES FRIES Dirigida por PAUL SCHRADER
"CAT PEOPLE"
Guión de ALAN ORMSBY. Basado en el libro de DEWITT BODEEN. Efectos visuales especiales por ALBERT WHITLOCK.
Música por GIORGIO MORODER. Director de fotografía JOHN BAILEY. Productor ejecutivo JERRY BRUCKHEIMER.
"CAT PEOPLE" tema cantado por DAVID BOWIE. Letra de DAVID BOWIE. Sound track original en MCA RECORDS

EL BESO DE LA PANTERA

SINOPSIS

Una antigua leyenda africana cuenta que existe una remota tribu difícil de localizar en el mapa cuyos aborígenes practican un extraño ritual hacia las panteras... Tan extraño que algunos miembros iniciados de esa tribu perdida, fuera del tiempo y el espacio, llegan a convertirse en una singular especie de hombres-pantera y mujeres-pantera.

Nuestra historia se desarrolla en la sugestiva ciudad de Nueva Orleans, en la época actual. Irena Gallier, una bella y misteriosa adolescente (NASTASSJA KINSKI), llega a la ciudadd para desencadenar un drama de imprevisibles alcances. ¿Quién es realmente esa muchacha de andar felino? ¿Qué recuerdos evoca la fiera mirada de sus ojos, o el rictus en el que en ocasiones se crispa su boca?

Hospedada en casa de su hermano Paul (MALCOLM McDOWELL) —un «hermano» más allá de las puras relaciones de parentesco— recibe una acogida muy poco fraternal. Paul se obstina, desde el primer momento, en mirar a la recién llegada en forma muy distinta que a una hermana...

La bella muchacha se detiene obsesivamente ante la jaula del zoo de Nueva Orleans que encierra un soberbio ejemplar de pantera. El interés de la muchacha hacia la fiera llama la atención de Oliver (JOHN HEARD), uno de los empleados del zoo. Este no tardará en proporcionar a la chica un empleo en la tienda de recuerdos del propio zoo... Por entonces, Nueva Orleans es escenario de una cadena de sangrientos asesinatos cuyo autor, según los informes de los forenses de la Policía, no puede ser otro que una terrible fiera.

CONSIDERACIONES

Todos los clásicos del cine de terror han sido objeto en las últimas décadas de «remakes». Por ello no es de extrañar que el excelente filme «La mujer pantera», dirigido en 1942 por Jacques Tourneur y protagonizado por Simone Simón, fuera en 1981 elegido por el realizador Paul Shrader para rodar una nueva versión del citado clásico de la compañía RKO, que obviamente presenta una dosis de erotismo propia de la época actual, por lo que este último largometraje explicita abiertamente todo lo que el filme de 1942 insinuaba.

«El beso de la pantera» incrementó ostensiblemente la popularidad de la sensual actriz Nastassia Kinski (hija del famoso actor Klaus Kinski), pero no obtuvo el éxito comercial esperado, por lo que no ha sido objeto de la realización de una segunda parte, tal y como es práctica habitual de todas las compañías cinematográficas en la actualidad.

«El beso de la pantera» presenta también una labor de maquillaje francamente meritoria, lo que lógicamente incrementa la calidad del filme en cuestión.

FICHA TECNICA	
Título original	Cat People
Año	1982
Director	Paul Schrader
Guión	Alan Ormsby
Fotografía	John Bailey
Música	Giorgio Moroder. Tema cantado por David Bowie
Duración	118 minutos Color

FICHA ARTISTICA	
Nastassja Kinski	Irena Gallier
Malcon McDowell	Paul Gallier
John Heard	Oliver Yates
Annette O'Toole	Alice Perrin
Ed Begley Jr	Joe Creigh
Scott Paulin	Bill Searle

HARRISON FORD
es
BLADE RUNNER
JERRY PERENCHIO y BUD YORKIN PRESENTAN UNA PRODUCCION MICHAEL DEELEY - RIDLEY SCOTT
CON HARRISON FORD
EN BLADE RUNNER™ Y CON RUTGER HAUER - SEAN YOUNG - EDWARD JAMES OLMOS GUION DE HAMPTON FANCHER Y DAVID PEOPLES
PRODUCTORES EJECUTIVOS BRIAN KELLY Y HAMPTON FANCHER EFECTOS VISUALES DE DOUGLAS TRUMBULL
MUSICA ORIGINAL COMPUESTA POR VANGELIS PRODUCTOR ASOCIADO IVOR POWELL PRODUCIDA POR MICHAEL DEELEY DIRIGIDA POR RIDLEY SCOTT

BLADE RUNNER

SINOPSIS

La acción sucede en Los Ángeles, en el año 2019.

Últimamente millones de gentes se han visto forzadas a colonizar otros planetas debido a la terrible superpoblación y deterioro de la Tierra.

Aquellos que se han quedado habitan en ciudades enormes donde los monstruosos rascacielos alcanzan hasta 400 pisos de altura. Las calles se han convertido en un hervidero de los más diversos seres humanos...

La policía logra mantener el control mediante el uso de un equipo sofisticado como es la «Spinner», una máquina voladora que les permite revolotear sobre el tráfico y correr velozmente por las calles tenebrosas, así como subir hasta las azoteas de los rascacielos...

La ingeniería genética se ha convertido en una de las mayores industrias de la Tierra. Cuando la mayoría de los animales del mundo se han extinguido, la genética crea animales artificiales para uso doméstico. Y, seguidamente, la industria comienza a suplir seres humanos manufacturados genéticamente, llamados «replicantes», a las colonias terrestres como esclavos trabajadores y a las fuerzas militares para uso en misiones especiales.

La Corporación Tyrell, el fabricante más importante de estos «replicantes», ha introducido recientemente su Nexus 6, que es el «replicante» de concepción más perfecta, con la fuerza e inteligencia de varios humanos. Pero el hecho de que éstos no puedan distinguirse virtualmente de los humanos representa un problema muy grave.

Los «replicantes» son ilegales en nuestro planeta, pero ocasionalmente alguno que otro logra regresar a la Tierra tratando de hacerse pasar por un humano cualquiera. En estos casos es cuando la policía llama a los «blade runners», que son detectives especialmente entrenados que usan una prueba altamente sofisticada, mediante la cual pueden determinar la diferencia entre verdaderos humanos y «replicantes».

CONSIDERACIONES

Una de las mejores películas de ciencia ficción de los años ochenta que elevó ostensiblemente el prestigio de Ridley Scott como director y de Harrison Ford como actor, a la vez que impulsó la carrera profesional de los otros componentes del reparto, que actualmente gozan una gran popularidad, como: Rutger Hauer, Sean Young, Daryl Hannah, etc., etc.

«Blade Runner» fue nominada a los óscars de Hollywood destinados a la mejor dirección artística (David Snyder, Lawrence G. Paull y Linda De Scenna) y mejores efectos especiales (Douglas Trumbull, Richard Yuricich y David Dryer). Su éxito comercial fue además muy notable, por lo que continuamente se ha venido rumoreando la realización de una segunda parte.

FICHA TECNICA

Título original	Blade Runner
Año	1982
Director	Ridley Scott
Guión	Hampton Fancher y David People
Fotografía	Jordan Cronenweth
Música	Vangelis
Duración	116 minutos
	Color

FICHA ARTISTICA

Harrison Ford	Deckard
Rutger Hauer	Batty
Sean Young	Rachael
Daryl Hannah	Pris
William Sanderson	Sebastian
E.J. Olmos	William Sanderson Gaff
Brion James	Leon

KEVIN · COSTNER
Toda su vida, Ray Kinsella fue en busca de sus sueños.
Un día, sus sueños vinieron por él.
CAMPO DE SUEÑOS
DIRECTOR: PHIL ALDEN ROBINSON

CAMPO DE SUEÑOS

SINOPSIS

«Campo de sueños» comienza en un campo de maíz, en Iowa, en el que Ray Kinsella (Kevin Costner) oye una voz, seguida de una breve visión de un campo de béisbol; es una señal que significa que si él construye un campo de béisbol en sus terrenos, el mítico jugador Joe Jackson, que jugó en el «Black Sox» de Chicago, en 1919, volverá a jugar al béisbol.

Con el apoyo de su mujer Annie (Amy Madigan), Ray Kinsella prosigue su sueño encontrando memorables personajes a lo largo de su camino: Terence Mann (James Earl Jones), un legendario escritor; «Dox» Graham (Burt Lancaster), un antiguo jugador de «Los Gigantes de Nueva York», quien sólo jugó un turno en el único partido que disputó durante su corta carrera, y Shoeless Joe Jackson (Ray Liotta).

CONSIDERACIONES

Charles Gordon, uno de los productores de esta película, ha definido a la misma como «una historia sensible y emocional sobre amistades y relaciones, sin las usuales explosiones, persecuciones de coches y armas de fuego, de tal forma que su "fuerza" radica en la historia y sus caracteres».

«Campo de sueños» es una película a la que el guionista y director, Phil Alden Robinson, dedicó siete años de trabajo, para que la misma tuviese un gran significado, especialmente para todas aquellas personas que han perdido a un ser querido sin tener nunca la oportunidad de resolver las diferencias que tenían con el mismo. Basada en una conocida novela («Shoeless Joe», de W.P. Kinsea, publicada en 1982), presenta un excelente reparto de actores, en el que se encuentra Burt Lancaster en el papel de «Doc Graham». El filme «Campo de sueños» no ganó ningún oscar, pero fue nominado para los correspondientes a la mejor película, guión adaptado y banda sonora.

FICHA TECNICA

Título original	Field of dreams
Año	1989
Director	Phil Alden Robinson
Guión	Phil Alden Robinson
Fotografía	John Lindley
Música	James Horner
Duración	102 minutos
	Color

FICHA ARTISTICA

Kevin Costner	Ray Kinsella
Amy Madigan	Annie Kinsella
Gaby Hoffman	Karin Kinsella
Ray Liotta	Shoeless Joe Jackson
James Earl Jones	Terence Mann
Burt Lancaster	Dr."Moonlight" Graham

SENIOR PROM
LOVE
SISSY SPACEK
JOHN TRAVOLTA
PIPER LAURIE
"CARRIE"
GUION: LAWRENCE D. COHEN PRODUCTOR: PAUL MONASH DIRECTOR: BRIAN DE PALMA

CARRIE

SINOPSIS

En el «college», Carrie descubre su propia sangre en la ducha. Es su primera menstruación de la que nadie le ha advertido previamente. Su madre, mujer fanática de la religión y que ve el pecado por doquier, la ha mantenido alejada de las realidades de la vida. Las compañeras de Carrie se burlan cruelmente de ella, y son castigadas por su profesora de educación física. Las chicas prometen vengarse y convencen a Tony, el atleta de la escuela, a que acompañe a Carrie al baile de fin de curso.Carrie se engalana, pese a la oposición de su madre y asiste al baile con Tony. Las chicas consiguen que les nombren «rey y reina» del baile, pero en el momento de la proclamación un cubo lleno de sangre de cerdo es derramado sobre Carrie. Es en ese momento cuando los poderes telekinésicos que ha intuido y comprobado en sí misma se ponen en acción. Carrie fulmina a todos y destruye con fuego el local del «college». En su casa, tras ser atacada por su madre, conseguirá dirigir con la mente todos los cuchillos de la casa contra ella y ambas perecerán entre las llamas. Pero todavía un último y sorprendente poder pondrá en vilo a los espectadores.

CONSIDERACIONES

Uno de los filmes más famosos del prestigiado realizador Brian de palma, quien ya tenía en su haber otros famosos largometrajes como «Hermanas» o «El fantasma del paraíso».

«Carrie» es, en cierta forma, una versión singular del famoso cuento de «El patito feo», mezclado con una notable dosis de los elementos del cine de terror. En efecto, «Carrie» es, fundamentalmente, un cuento terrorífico, que no pretende ser verosímil ni rebasar las escuetas fronteras del llamado cine fantástico de pura evasión. Eso sí, representó la consagración del director Brian de Palma, como un realizador con «gancho comercial», al tiempo que proporcionó a la actriz Sissy Spacek una merecida popularidad, al lograr, con 26 años cumplidos encarnar adecuadamente a una colegiala.

El hoy famoso John Travolta tiene también un pequeño papel en este filme que es ya una clásico del cine fantástico.

FICHA TECNICA	
Título original	Carrie
Año	1977
Director	Brian De Palma
Guión	Lawrence D. Cohen
Fotografía	Mario Tosi
Música	Pino Donaggio
Duración	97 minutos
	Color

FICHA ARTISTICA	
Sissy Spacek	Carrie
Piper Laurie	Margaret White
John Travolta	Billy Nolan
William Katt	Tony
Amy Irving	Una estudiante
Nancy Allen	Otra estudiante

BILL MURRAY DAN AYKROYD
SIGOURNEY WEAVER
LOS CAZAFANTASMAS
GHOSTBUSTERS
EL ESPECTACULO SOBRENATURAL
COLUMBIA PICTURES PRESENTA
UN FILM IVAN REITMAN
UNA PRODUCCION BLACK RHINO/BERNIE BRILLSTEIN
"GHOSTBUSTERS"
CON HAROLD RAMIS RICK MORANIS
BERNSTEIN "GHOSTBUSTERS" INTERPRETADA POR RAY PARKER, JR. PRODUCCION DE DISEÑO JOHN DE CUIR DIRECTOR DE FOTOGRAFIA LASZLO KOVACS
EFECTOS ESPECIALES RICHARD EDLUND, A.S.C. PRODUCTOR EJECUTIVO BERNIE BRILLSTEIN ESCRITA POR DAN AYKROYD Y HAROLD RAMIS
PRODUCIDA Y DIRIGIDA POR IVAN REITMAN
Banda sonora original editada y distribuida por:
ARIOLA EURODISC, S.A.
DOLBY STEREO

LOS CAZAFANTASMAS

SINOPSIS

En la biblioteca de un edificio público de Nueva York, aparece un fantasma. Este fenómeno se repite varias veces más, por lo que tres brillantes y excéntricos parapsicólogos universitarios deciden formar una singular compañía dedicada a combatir estos seres fantasmales.

Su primer cliente serio es la bella Dana Barrett, quien es poseída por un espíritu denominado «Gozer» quien poco a poco está adquiriendo una energía capaz de dominar con ella al mundo.

El desafío que representa esta amenaza para los tres simpáticos parapsicólogos es de gran envergadura, pero afrontan el mismo con determinación.

CONSIDERACIONES

Un filme cuyo costo ascendió a 32 millones de dólares, pero que sólo en cuatro meses recaudó en USA y Canadá la friolera de 200 millones de dólares.

Nos encontramos pues, ante una de las películas más comerciales de los años ochenta, cuya secuela «Los Cazafantasmas II» ha sido también uno de los títulos más taquilleros de 1989. Las razones de este éxito son múltiples pero la principal quizá sea la categoría profesional del equipo que ha hecho posible este filme, en el que se encuentran Richard Edlund, responsable de los efectos especiales, el músico Elmer Bernstein, y otro nombre mítico en el ámbito de la fotografía: Laszlo Kovacs.

La trama de «Los Cazafantasmas» fue ideada por Dan Aykroyd, quien junto a Bill Murray, Harold Ramis, Sigourney Weaver y Rick Moranis, encarnan los papeles estelares de un filme que aborda el tema de los fantasmas al estilo propio de una comedia contemporánea propia de los gustos del público en la actualidad.

FICHA TECNICA	
Título original	Ghostbusters
Año	1984
Director	Ivan Reitman
Guión	Dan Aykroyd y Harold Ramis
Fotografía	Laszlo Kovacs
Música	Elmer Bernstein y Ray Parker Jr.
Duración	107 minutos
	Color

FICHA ARTISTICA	
Bill Murray	Dr. Peter Venkman
Dan Aykroyd	Dr. Raymond Stantz
Sigourney Weaver	Dana Barrett
Harold Ramis	Dr. Egon Spengler
Rick Moranis	Louis Tully
Annie Potts	Janine Melnitz

Es la culminación de todos los sueños.
Es algo totalmente inesperado.
COCOON
CONTACTOS TERRESTRES
CON ALIENIGENAS
Un filme de RON HOWARD•COCOON•DON AMECHE WILFORD BRINLEY HUME CRONYN BRIAN DENNEHY JACK GILFORD
STEVE GUTTENBERG MAUREEN STAPLETON JESSICA TANDY GWEN VERDON HERTA WARE TAHNEE WELCH Musica Com-
puesta por JAMES HORNER Director de Fotografia DON PETERMAN, A.S.C. Guion TOM BENEDEK Argumento DAVID SAPERSTEIN Pro-
ducida por RICHARD D. ZANUCK, DAVID BROWN y LILI FINI ZANUCK Director RON HOWARD

COCOON

SINOPSIS

Una expedición de extraterrestres llega a la Tierra en secreto. Este grupo de seres extraños viene con la misión de recuperar una nave perdida en una misión anterior. El gran parecido físico con los habitantes de nuestro planeta provoca, en las relaciones de éstos con los terrestres, una serie de sentimientos que complican las cosas.

Así pues, en «Cocoon», estos extraterrestres con buenos sentimientos ayudan a unos viejecitos que tratan de hacer todo lo posible por sobrevivir con vigor. La película alcanza sus momentos más atractivos en la secuencias dedicadas a la recuperación de los ancianos, en las que el espectador podrá disfrutar viendo cómo danza y salta el famoso Don Ameche.

CONSIDERACIONES

Tras el éxito logrado con «Splash», en 1984, Ron Howard, dirigió este filme fantástico, producido por David Brown y Richard Zanuck (hijo de Darryl) quienes con anterioridad habían ejercido esta labor en películas de enorme éxito como «El golpe» o «Tiburón».

En «Cocoon» se produjo el debut cinematográfico de dos hijos de famosos, como son Tahnee Welch, hija de Raquel Welch, y Tyrone Power Jr., el vástago del conocido Tyrone Power. Estos dos jóvenes son los protagonista de «Cocoon», que ha contado algo más de 18 millones de dólares de presupuesto, y sus efectos especiales han sido realizados por la empresa industrial Light & Magics, del famoso George Lucas.

Esta película cuenta asimismo con la intervención de un buen elenco de viejas glorias del cine, entre las que destaca Don Ameche, quien, por su labor en «Cocoon» alcanzó el Oscar destinado al mejor actor secundario.

«Cocoon» fue asimismo premiada con el Oscar relativo a los mejores efectos visuales.

El éxito comercial del presente filme dio lugar, en 1988, a una continuación: «Cocoon II, el regreso», que dirigió Daniel Petrie, contando asimismo el reparto de actores con Jessica Tandy, Don Ameche, Steve Guttenberg, Hume Cronyn, etc.

FICHA TECNICA	
Título original	Cocoon
Año	1985
Director	Ron Howard
Guión	Tom Benedek
Fotografía	Don Peterman
Música	James Horner
Duración	117 minutos
	Color

FICHA ARTISTICA	
Don Ameche	Art Selwyn
Jessica Tandy	Alma Finley
Tahnee Welch	Kitty
Hume Cronyn	Joe Finley
Jack Gilford	Bernie Lefkowitz
Steve Guttenberg	Jack Bonner
Mauren Stapleton	Mary Luckett
Wilford Brimley	Ben Luckett

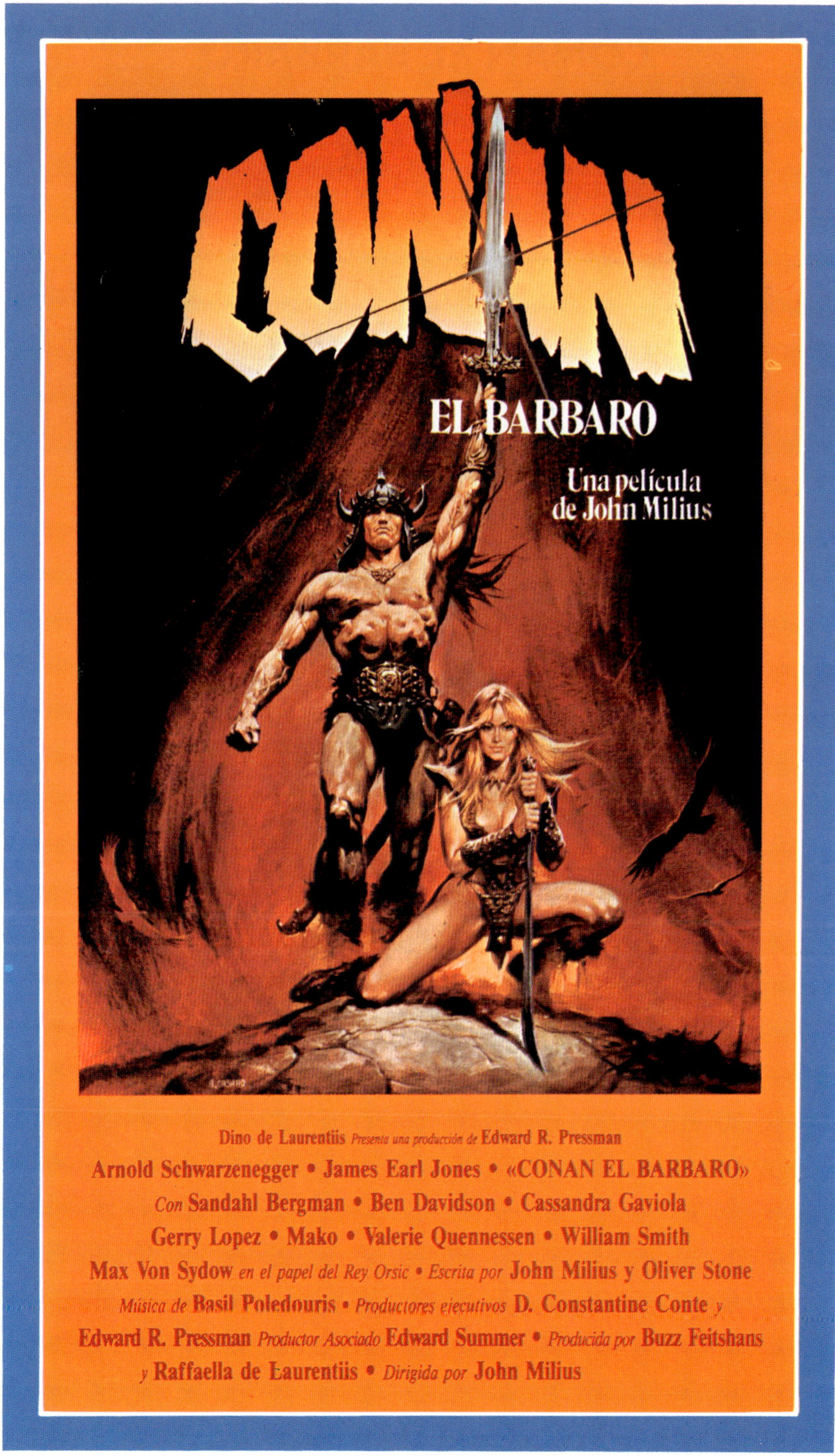
CONAN
EL BARBARO
Una película
de John Milius
Dino de Laurentiis Presenta una producción de Edward R. Pressman
Arnold Schwarzenegger • James Earl Jones • «CONAN EL BARBARO»
Con Sandahl Bergman • Ben Davidson • Cassandra Gaviola
Gerry Lopez • Mako • Valerie Quennessen • William Smith
Max Von Sydow en el papel del Rey Orsic • Escrita por John Milius y Oliver Stone
Música de Basil Poledouris • Productores ejecutivos D. Constantine Conte y
Edward R. Pressman Productor Asociado Edward Summer • Producida por Buzz Feitshans
y Raffaella de Laurentiis • Dirigida por John Milius

CONAN EL BARBARO

SINOPSIS

Doce mil años antes de nuestra era, un pequeño pueblo es atacado por el ejército de Thulsa Doom. Los padres de un muchacho, Conan, son asesinados, y éste capturado y convertido en esclavo. Cuando llega a ser adulto, la fuerza física de Conan es enorme, por lo que sus amos le convierten en luchador, logrando la libertad gracias a sus triunfos en la arena del circo. Una vez libre, Conan decide vengar la muerte de sus padres, por lo que empieza a buscar al malvado mago Thulsa Doom para eliminarle.

CONSIDERACIONES

Conan es un personaje de la novela popular creado por Robert E. Howard en 1932. Las historias de Conan pertenecen al género denominado «fantasía heroica» o «Historias de espada y brujería», que se caracteriza por una acción continua dentro de un ambiente repleto de elementos sobrenaturales. Howard escribió varias series de cuentos de fantasía heroica, publicados en su mayoría en la revista «Weird Tales», siendo la más larga y popular la correspondiente a Conan.

En los años treinta, como héroe de novelas populares, las historias de Conan tuvieron un notable éxito; pero éste fue aún mayor cuando en los años sesenta la «Marvel Comics Group» comenzó a editar sus andanzas. Los cómics de Conan tuvieron un gran impacto en todo el mundo, convirtiéndose el personaje en uno de los más famosos de este género. El hecho de que los aficionados a los cómics de Conan hayan quedado satisfechos con esta película demuestra, dada la exigencia que éstos plantean cuando se adaptan sus héroes al cine, que nos encontramos con una obra enormemente ciudada en todos sus aspectos, especialmente en la designación de los principales personajes.

FICHA TECNICA	
Título original	Conan the barbarian
Año	1981
Director	John Milius
Guión	John Milius y Oliver Stone
Fotografia	Duke Callaghan
Musica	Basil Poledouris
Duración	135 minutos
	Color

FICHA ARTISTICA	
Arnold Schwarzenegger	Conan
Sandahl Bergman	Valeria
James Earl Jones	Tulsa Doom
Max Von Sydow	El rey Osric
Ben Davidson	Rexon
Mako	El brujo
Cassandra Gaviola	La bruja
Valerie Quennessen	La princesa

EL CORAZON DEL ANGEL
Te llegará hasta el fondo del alma.
Colaboración especial de
Mickey Rourke Robert De Niro Lisa Bonet
en un Film de Alan Parker
Mario Kassar y Andrew Vajna Presentan a
Mickey Rourke en un Film de Alan Parker
"Angel Heart" Robert De Niro
Lisa Bonet Charlotte Rampling Música Original de Trevor Jones Director de Fotografía Michael Seresin
Productores Ejecutivos Mario Kassar y Andrew Vajna William Hjortsberg Guión de Alan Parker
Producida por Alan Marshall y Elliott Kastner Dirigida por Alan Parker

EL CORAZON DEL ANGEL

SINOPSIS

Harry Angel es un detective privado de Nueva York al que no le sobran precisamente los clientes, por lo que ha de aceptar el encargo que le propone un misterioso extranjero, Louis Cyphre. El trabajo en cuestión consiste en buscar a Johnny Favorite, un cantante que ha desaparecido en pleno éxito hace doce años, sin que se conozcan las razones de este hecho.

El detective protagonista comienza sus investigaciones, que entrañan tremendas dificultades. Cada vez que interroga a una persona, ésta aparece brutalmente asesinada, con indicios de haber sido víctima de ritos satánicos. La policía comienza a sospechar de Angel, pero éste continúa sus pesquisas en Nueva Orleans, adentrándose en el espeluznante mundo del vudú, en el que las llamadas fuerzas ocultas se ciernen sobre su persona.

CONSIDERACIONES

Alan Parker es el primer director inglés formado en el mundo de la publicidad, que decidió trabajar para la industria cinematográfica. Su camino fue seguido por otros famosos realizadores, como Hugh Hudson (Greystoke), Adrian Lyne (Flashdance), Ridley Scott (Alien), y el hermano de este último, Tony Scott.

Alan Parker logró en el cine un merecido prestigio gracias a sus filmes «Bugsy Malone, nieto de Al Capone», «El expreso de medianoche», «Fama», «Pink Floyd, el muro» y «Birdy».

En «El corazón del Angel» Parker desarrolla un «thriller»ambientado en los años cincuenta, en el que mezcla adecuadamente los elementos propios del «cine negro americano» y los relativos a género terrorífico-satánico.

«El corazón del Angel» constituye la adaptación cinematográfica de la novela «Angel heart» de William Hjortsberg, y su metraje tuvo que ser reducido por el propio Parker, a causa de la dureza de algunas escenas, para que pudiera comercializarse en Estados Unidos sin la calificación de «X» que, como es bien sabido, limitaría enormemente sus posibilidades comerciales.

FICHA TECNICA

Título original	Angel heart
Año	1987
Director	Alan Parker
Guión	Alan Parker
Fotografia	Michael Seresin
Musica	Trevor Jones
Duración	110 minutos
	Color

FICHA ARTISTICA

Mickey Rourke	Harry Angel
Robert De Niro	Louis Cyphre
Lisa Bonet	Epiphany
Charlotte Rampling	Margaret Krusemark
Stocker Fontelieu	Ethan Krusemark

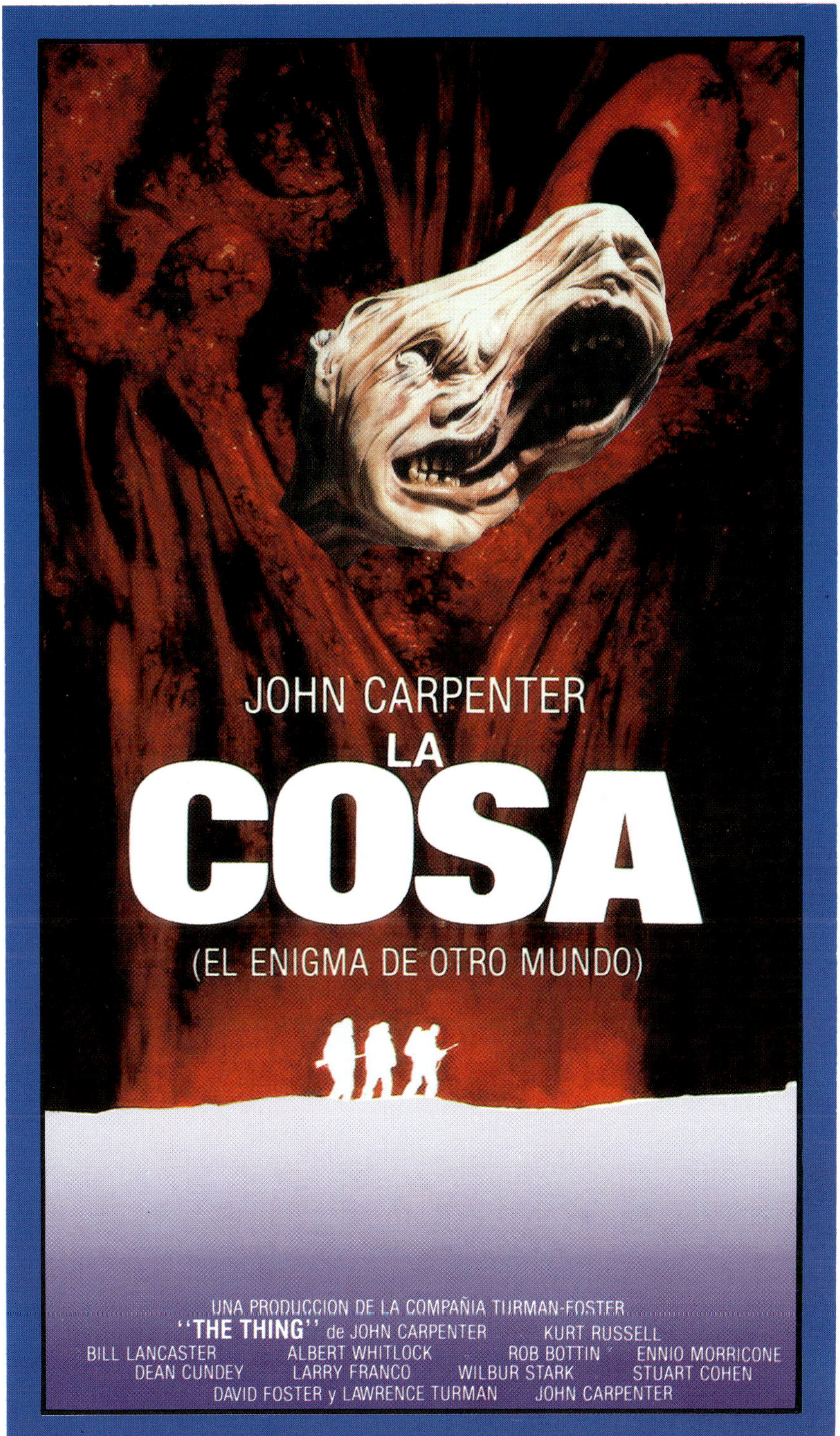
JOHN CARPENTER
LA
COSA
(EL ENIGMA DE OTRO MUNDO)
UNA PRODUCCION DE LA COMPAÑIA TURMAN-FOSTER
''THE THING'' de JOHN CARPENTER KURT RUSSELL
BILL LANCASTER ALBERT WHITLOCK ROB BOTTIN ENNIO MORRICONE
DEAN CUNDEY LARRY FRANCO WILBUR STARK STUART COHEN
DAVID FOSTER y LAWRENCE TURMAN JOHN CARPENTER

LA COSA

SINOPSIS

En una zona de la Antártida (invierno de 1981) trabajan 12 científicos de la Fundación Nacional de Ciencias de los Estados Unidos. Inesperadamente, son atacados por un helicóptero noruego. El ataque del piloto, tal vez presa de locura, se relaciona pronto con un descubrimiento que uno de los científicos, el doctor Cooper, explica: un extraño ser (una «cosa») toma la forma de otros cuerpos para destruirlos y lo hace en evolución ininterrumpida y creciente en progresión geométrica; llegó a la tierra en un platillo volante y se ha conservado inactiva durante cien mil años; ahora ha llegado el momento de su liberación y diezma a los aterrorizados científicos.

CONSIDERACIONES

Con una historia muy similar a ésta —argumento basado en la misma novela de John Campbell— Christian Niby hizo en 1952 la película «The Thing from another world», estrenada en España con el título «El enigma del otro mundo» (que lo tiene como subtítulo «La cosa»). Estamos, pues, ante un «remake», en el que la acción se ha trasladado de 1949 a 1981, con modificación de algunos detalles ambientales, pero sin cambio esencial; el asunto y el motivo central son los mismos. Sin embargo, Carpenter no ha mantenido un cultivo del horror tan directo ni tan puro y se ha apoyado en la fabricación de efectos especiales más impresionantes.

FICHA TECNICA

Título original	The Thing
Año	1982
Director	John Carpenter
Guión	Bill Lancaster
Fotografia	Dean Cundey
Musica	Ennio Morricone
Duración	108 minutos
	Color

FICHA ARTISTICA

Kurt Rusell	Mac Ready
A. Wilford Brimley	Blair
T.K. Carter	Nauls
David Clennon	Palmer
Keith David	Childs
Richard Dysart	Dr. Copper

En otro mundo,
en otro tiempo...
En la época de la fantasía.
CRISTAL OSCURO
LORD GRADE Presenta una película de JIM HENSON
«THE DARK CRYSTAL»
Dirigida por JIM HENSON y FRANK OZ. Producida por JIM HENSON y GARY KURTZ
Guión de DAVID ODELL. Story por JIM HENSON. Diseñador BRIAN FROUD
Música de TREVOR JONES. Productor Ejecutivo DAVID LAZER.
Director de Fotografía OSWALD MORRIS B.S.C.

CRISTAL OSCURO

SINOPSIS

Sin relación en el tiempo se nos presenta una Tierra dominada por la cruel raza de los Skeksis, cuerpos duros y mentes retorcidas. Una raza reptiliana que lleva mil años en el poder, desde que una convulsión misteriosa agitara al mundo y se resquebrajara, oscureciéndose, el gran Cristal. Hasta ese momento había gobernado la tierra una tribu (los Místicos) de grandes pensadores y creadores alentados por la luz del Cristal. Desde aquel acontecimiento los Skeksis gobiernan con maldad al amparo del Cristal Oscuro, vigilado por los Garthim, terribles guerreros, para evitar que se cumpla una antigua profecía según la cual los Gelfling, una raza de criaturas duendes, restaurará el Cristal antes de la nueva conjunción de los tres soles para devolverle el brillo e instaurar el orden y el equilibrio en el mundo. La historia comienza en vísperas de esta conjunción, con el tiempo justo para que el anciano Místico transmita al joven Jen, único Gelfling superviviente, las instrucciones necesarias para que emprenda el camino que le conduzca a la restauración del Cristal, única forma de que brille de nuevo la luz, se salve su especie y acabe el tenebroso gobierno de los Skeksis.

CONSIDERACIONES

Un filme imaginativo al cien por ciento, que tiene mucho que ver con los mundos fantásticos de los comics. Los artífices de este largometraje son Jim Henson y Frank Oz (los creadores del personaje «Yoda», el maestro de Jedi en la película «El imperio contraataca»). El primero es un excelente fabricante de marionetas, mientras que el segundo es un magnífico dibujante de criaturas y mundos maravillosos, habiendo diseñado los más de cien monstruos que populan por el mundo mágico-cuaternario de «Cristal Oscuro».

Lo más destacable del presente título es, sin lugar a dudas, la fabricación del cúmulo de artilugios mecánicos que aparecen en el mismo, lo que contribuyó decisivamente a que «Cristal Oscuro» lograra el gran premio del Festival de Avoriaz, dedicado al cine de carácter fantástico.

La complejidad técnica que supuso rodar esta película dio lugar a la realización de un documental de 57 minutos titulado «El mundo de Cristal Oscuro» (The World of the dark crystal).

Con un carácter profundamente infantil, «Cristal Oscuro» presenta una clara similitud con los filmes de Disney, en el sentido de que entusiasma a los niños y divierte a los espectadores de mayor edad.

FICHA TECNICA

Título original	Dark Crystal
Año	1982
Director	Jim Henson y Frank Oz
Guión	David Odell
Fotografía	Oswald Morris
Música	Trevor Jones
Duración	96 minutos Color

FICHA ARTISTICA

Dentro de las carcasas de los telemuñecos los propios creadores del filme encarnan a los principales personajes del mismo.

SCHWARZENEGGER
DEPREDADOR

DEPREDADOR

SINOPSIS

Dutch Schaefer es el jefe de una unidad de rescate que busca a los soldados capturados por los guerrilleros en las selvas latinoamericanas. Al principio, todo parece como cualquier misión: Schaefer y su grupo de expertos veteranos descubren el campamento de una guerrilla, lo destruyen y encuentran ejecutados a los hombres que habían ido a rescatar. Pero cuando la unidad se aleja del lugar, llevando consigo una guerrillera prisionera, algo horrible e inexplicable comienza a suceder: uno a uno, los hombres son asesinados por un misterioso adversario, un depredador de otro mundo.

CONSIDERACIONES

Nominada para el oscar destinado a los mejores efectos especiales, esta película tuvo un gran éxito comercial, originando este hecho que en 1990 se rodara una segunda parte que ya no protagonizó Arnold Schwarzenegger. En concreto, «Depredador» fue el séptimo filme de 1987 más taquillero en Estados Unidos, proporcionado a la Fox unos beneficios de 31 millones de dólares.

Esta película ha sido definida como una mezcla explosiva de los dos géneros: bélico y ciencia-ficción, rodada al estilo narrativo de las películas de los años cuarenta, pero con unos magistrales efectos especiales, propios del cine de nuestro tiempo.

Violencia y acción a ciento por ciento y con una criatura alienígena creada por el experto Stan Winston, sumamente original.

FICHA TECNICA	
Título original	Predator
Año	1987
Director	John McTiernan
Guión	Jim Thomas y John Thomas
Fotografía	Donald McAlpine
Música	Alan Silvestri
Duración	110 minutos
	Color

FICHA ARTISTICA	
Arnold Schwarzenegger	Dutch
Carl Weathers	Dillon
Epidia Carrillo	Anna
Bill Duke	Mac
Jesse Ventura	Blain
Sonny Landham	Billy
Richard Chaves	Poncho

SCHWARZENEGGER
Prepárate para el viaje de tu vida.
DESAFIO TOTAL
MARIO KASSAR y ANDREW VAJNA PRESENTAN UNA PRODUCCION PAUL VERHOEVEN ARNOLD SCHWARZENEGGER «TOTAL RECALL» RACHEL TICOTIN SHARON STONE MICHAEL IRONSIDE RONNY COX MUSICA DE JERRY GOLDSMITH EFECTOS ESPECIALES ROD BOTTIN EFECTOS VISUALES DREAM QUEST MONTADA POR FRANK J. URIOSTE DIRECTOR DE FOTOGRAFIA JOST VACANO PRODUCTORES EJECUTIVOS MARIO KASSAR y ANDREW VAJNA BASADA EN LA NOVELA CORTA WE CAN REMEMBER IT FOR TO WHICESALE DE PHILLIP K. DICK
NOVELA ESCRITA POR RONALD SHUSETT & DAN O'BANNON y JON POVILL
PRODUCIDA POR BUZZ FEITSHANS y RONALD SHUSETT DIRIGIDA POR PAUL VERHOEVEN

DESAFIO TOTAL

SINOPSIS

¿Se ha imaginado alguna vez que le robaran su mente y usted fuera usted pero no lo fuera?

El argumento de esta película es una increíble aventura que se desarrolla en el año 2084. Su protagonista, Doug Quaid (Arnold Schwarzenegger), es un hombre al cual unos extraños sueños le crean dudas sobre su verdadera identidad. Quaid se presenta en una agencia donde por métodos sofisticados se pueden realizar sueños y viajes inimaginables con una fuerte dosis de realidad. Allí encuentra las claves que lo conducen a Marte. Doug Quaid llega al Planeta Rojo y descubre que ya ha estado allí antes, que hay gentes que lo conocen: pero él no lo recuerda.

El dominio de la colonia humana en Marte está en manos de un tirano que controla hasta el aire que se respira. Quaid se enfrenta al desafío de encontrarse a sí mismo y destruir al tirano, un Desafío Total.

CONSIDERACIONES

Ganadora del oscar de Hollywood correspondiente a los mejores efectos especiales, esta película ha tenido un enorme éxito comercial. El realizador holandés Paul Verhoeven ha partido de un relato de Phillip K. Dick acerca de un viaje a Marte para realizar un filme futurista con una gran dosis de violencia y acción, como era de esperar en un largometraje protagonizado por Arnold Schwarzenegger. La puesta en escena presenta en «Desafío Total» un minucioso cuidado. Los elementos que dotan a esta película de un atractivo notable son numerosos, comenzando por los efectos especiales y siguiendo con el maquillaje. El empiece de desafío total es sorprendente, pues se centra en un tema de doble personalidad que da paso inmediato a un mundo de violencia y a una descripción pesimista del futuro.

Admirador del filme «Robocop», el propio Arnold Schwarzenegger solicitó que «Desafío Total» fuera dirigida por Paul Verhoeven. Ambos personajes se han entendido perfectamente, lo que ha dado como resultado una película apasionante que se ha convertido en uno de los títulos más destacables de la cinematografía norteamericana en 1990.

FICHA TECNICA

Título original	Total Recall
Año	1990
Director	Paul Verhoeven
Guión	Ronald Shusett, Dan O'Bannon y Gary Goldman
Fotografía	Jost Vacano
Música	Jerry Goldsmith
Duración	109 minutos
	Color

FICHA ARTISTICA

Arnold Schwarzenegger	Doug Quaid
Sharon Stone	Lori
Michel Ironside	Richter
Rachel Ticotin	Melina
Ronny Cox	Cohaagen
Marshall Bell	George
Michael Champion	Helm
Mel Johnson Jr.	Benny

2001
una odisea del espacio
producción de Stanley Kubrick

2001, UNA ODISEA DEL ESPACIO

SINOPSIS

Un grupo de hombres-mono luchando por la supervivencia descubren aterrorizados un monolito negro. A partir de este momento, su inteligencia empieza a despertar. Es el primer paso. Una nave vuelve hacia una estación espacial; a bordo viaja el doctor Floyd. Su destino; la Luna, donde ha descubierto un extraño objeto, un monolito negro. Año 2001: la nave «Discovery», con Frank y David como tripulación activa y dirigida por la computadora HAL 9000, con destino a Júpiter, sufre una inesperada rebelión de HAL que hace que la expedición fracase. David, único superviviente, se ve envuelto en un universo desconocido, un mundo más allá de las estrellas encontrado dentro de un monolito negro.

CONSIDERACIONES

El primer filme galáctico que el escritor Clarke y el director Kubrick prepararon durante cuatro años para lograr un título que «sirviera para poner en evidencia la relación del hombre con el universo».

El argumento de «2001, odisea del espacio» se basa en tres cuentos del propio Clarke: «El centinela», «Encuentro en la aurora» y «El ángel guardián. Todos ellos forman una trama que se encuadra en el conjunto de los interrogantes eternos del hombre.

«2001, odisea del espacio» es la primera película de la llamada moderna ciencia-ficción cinematográfica y, hoy en día, está considerada por todos los críticos especializados como «una obra de arte».

«2001, odisea del espacio» ganó el oscar de Hollywood correspondiente a los mejores efectos especiales, siendo además nominada para los premios relativos al mejor director, guión original, y decoración (Tony Masters, Harry Longe, y Ernie Archer).

FICHA TECNICA

Título original	2001 a Space Odyssey
Año	1968
Director	Stanley Kubrick
Guión	Stanley Kubrick y Arthur C. Clarke
Fotografía	Geofrey Unsworth
Duración	160 minutos Color

FICHA ARTISTICA

Keir Dullea	David Bowman
Gary Lockwood	Frank Poole
William Sylvester	Dr. Hetwood Floyd
Daniel Richter	El hombre primitivo
Douglas Rain	Hal 9000
Leonard Rossiter	Smyslov
Margaret Tyzack	Elena

BELA
LUGOSI
DAVID
MANNERS
HELEN
CHANDLER
DRACULA
DIRECTOR TOD BROWNING

DRACULA

SINOPSIS

Jonathan Harker, un vendedor de fincas británico llega a Transilvania para efectuar una operación comercial con un misterioso noble, el conde Drácula. Cuando menciona su nombre en la posada a la que llega la diligencia en que viaja, el terror se pinta en la cara de los aldeanos. Decidido a resolver su venta, Harker prosigue su viaje hacia el castillo de su cliente a pesar de las advertencias que le hacen los atemorizados lugareños. Recogido por una misteriosa diligencia, se traslada al castillo, donde le espera un encuentro con el señor de los vampiros, que está preparando su traslado a Inglaterra, donde espera encontrar nuevas víctimas. Harker le servirá como vehículo para sembrar el pánico en las islas británicas.

CONSIDERACIONES

Aunque se la considera la primera versión del personaje creado por Bram Stoker, en realidad es la segunda (ver comentario de «Nosferatu» en este mismo libro). Este «Drácula» interpretado por Bela Lugosi no se basa directamente en la novela original, sino en la versión teatral que sobre la misma hicieron los norteamericanos John L. Balderston y Hamilton Deane en 1927. Lugosi, que saltaría al estrellato con esta película siendo encasillado definitivamente en el género de terror, había interpretado el papel del vampiro en el montaje teatral, lo que facilitó su elección a la hora de trasladar la historia a la pantalla grande cuando el protagonista elegido inicialmente, Lon Chaney, murió repentinamente. Entre los candidatos a sustituirle estuvieron Conrad Veidt, Paul Muni, William Courtenay e Ian Keith. Hay que advertir por otra parte, que «Drácula» fue estrenada en su versión teatral por el propio Bram Stoker el 18 de mayo de 1897.

Los decorados de la primera parte de la película, que contribuyen con su protagonismo a ejercer una presión sofocante sobre el espectador dando una magnitud especial al término terror aplicado al cine, fueron obra de Charles D. Hall, que poco después diseñaría la máquina de «La novia de Frankenstein», otro clásico del género. Merced a su trabajo la película cobra un impulso cinematográfico que pierde en la segunda parte.

También merece la pena destacar el excelente trabajo de Karl Freund, formado en la escuela expresionista alemana, como director de fotografía.

En el apartado de las anécdotas hay que añadir que en el momento de rodar la película, primera de toda la saga de mitos de terror abordada posteriormente por la Universal, no se aplicaba aún la técnica de doblaje, por lo que se rodó una versión idéntica al original en castellano, cambiando al protagonista por Carlos Villarías, actor mejicano.

FICHA TECNICA	
Título original	Drácula
Año	1930
Director	Tod Browning
Guión	Garret Fort, Dudley Murphy
Fotografía	Karl Freund
Música	Piotr Caikovski, Richard Wagner
Duración	84 minutos Blanco y negro

FICHA ARTISTICA	
Bela Lugosi	Conde Drácula
Helen Chandler	Mina Seward
David Manners	John Harker
Dwight Frye	Renfield
Edward Van Sloan	Profesor Van Helsing
Herbet Buston	Dr. Seward

DRAÇULA
CON CHISTOPHER LEE EN EL PAPEL DE «DRÁCULA»
PETER CUSHING • MICHAEL GOUGH • MELISSA STRIBLING
DIRECTOR: TERENCE FISHER

DRACULA

SINOPSIS

En 1885, Jonathan Harker llega al castillo del Conde Drácula, situado en medio de los Cárpatos, Harker ha sido contratado como bibliotecario, pero en realidad tiene la intención de descubrir el origen del vampirismo. Una joven mujer, víctima de Drácula pretende seducirle, siendo ambos sorprendidos por Drácula quien convierte a Harker en vampiro. El amigo de este último, el Dr. Van Helsing encuentra su cuerpo y le libera del vampirismo atravesando su corazón con una estaca. Drácula acude a Inglaterra con el objetivo de vampirizar a Lucy, la novia de Harker, por lo que Van Helsing se une con Arthur, el hermano de Lucy, para evitarlo. No lo consiguen, pero finalmente salvaran a Mina, la mujer de Arthur, del acoso de Drácula, eliminando a éste definitivamente.

CONSIDERACIONES

Junto a «Nosferatu», dirigida por Murnau en 1921, y «Drácula», rodada por Tod Brownming en 1931, ésta es, din duda, una de las mejores películas que se han realizado acerca del siniestro personaje creado por el escritor Bram Stoker.

Con efectos especiales a cargo de Sydney Pearson, un especialista de los estudios Hammer Films, el presente largometraje se rodó en cuatro semanas y con escasos medios financieros. Tuvo, sin embargo, un éxito notable de crítica y público, lanzando a la fama a Christopher Lee, quien volverá posteriormente a encarnar a Drácula en otros muchos filmes como: «Drácula, príncipe de las tinieblas» (1965), también dirigida por Terence Fisher y que es una continuación de la película que nos ocupa; «Drácula vuelve de la tumba» (1968); «El Conde Drácula»(1969); «Las cicatrices de Drácula» (1970); «Drácula 73» (1971); «Los ritos satánicos de Drácula» (1972), etc.

FICHA TECNICA	
Título original	Horror of Dracula
Año	1958
Director	Terence Fisher
Guión	Jimmy Sangster
Fotografía	Jack Asher
Música	James Bernard
Duración	82 minutos
	Color

FICHA ARTISTICA	
Peter Cushing	Dr. Van Helsing
Chistopher Lee	Conde Drácula
Michael Gough	Arthur Holmwood
Melissa Stlibling	Mina
Carol Marsh	Lucy
Olga Dickie	Gerda
Valérie Gaunt	La mujer vampiro

Dracula
GARY OLDMAN WINONA RYDER ANTHONY HOPKINS KEANU REEVES
CO-PRODUCTOR JAMES V. HART EFECTOS VISUALES DE ROMAN COPPOLA MUSICA DE WOJCIECH KILAR DISEÑO DE VESTUARIO EIKO ISHIOKA MONTADA POR NICHOLAS C. SMITH GLEN SCANTLEBURY ANNE COURSAUD, A.C.E.
DISEÑO DE PRODUCCION THOMAS SANDERS DIRECTOR DE FOTOGRAFIA MICHAEL BALLHAUS, A.S.C. PRODUCTORES EJECUTIVO MICHAEL APTED Y ROBERT O'CONNOR GUION DE JAMES V. HART
PRODUCIDA POR FRANCIS FORD COPPOLA, FRED FUCHS Y CHARLES MULVEHILL DIRIGIDA POR FRANCIS FORD COPPOLA

DRACULA

SINOPSIS

Peligroso y carismático, Drácula (Gary Oldman) es un personaje que ha habitado en el paisaje que le ha dado vida, aterrorizador y evocativo, literario y dramático, casi durante un siglo. La historia, profundamente erótica, originalmente escrita por Bram Stoker y publicada en 1897, fue una de las novelas de la época victoriana que más ha perdurado. Es, también, una historia de amor tan perturbadora y resonante, que ha sido alabada como una de las mejores épicas góticas de todos los tiempos.

Coppola sitúa el inicio del relato en 1462, cuando el príncipe Vlad (Gary Oldman), apodado «Vlad, el Empalador», regresa a Transilvania tras vencer a los ejército turcos. Al llegar a su castillo le informan del suicidio de su amada Elizabeth (Winona Ryder), al recibir una falsa misiva en la que se le daba por muerto. La cólera de Vlad es tal, que reniega de Dios y pacta con el diablo. Por ello, será condenado a vivir eternamente en forma de vampiro. Cuatro siglos después, Drácula (G. Oldman) encuentra en Londres a Mina (W. Ryder), la reencarnación de su amada. Drácula asediará al marido de Mina (Keanu Reeves), para luego seducirla. Pero tendrá tras sus pasos al profesor Van Helsing (Anthony Hopkins), experto cazador de vampiros.

CONSIDERACIONES

Uno de los filmes más importantes de la cinematografía norteamericana en 1992. Con un presupuesto de 40 millones de dólares, constituye la versión que de este personaje ha querido darnos Francis Ford Coppola; eso sí, manteniendo la fidelidad al original literario de Bram Stoker (en lugar de ceñirse, como versiones anteriores del mismo personaje, a la obra de teatro que adaptó la novela y dio la vuelta al mundo en los años veinte), pero imponiendo un significado totalmente renovado al personaje. En efecto, Coppola ha logrado dar un nuevo significado y personalidad a una historia aparentemente ya muy explotada que, sin embargo, rejuvenece y aporta nuevas intenciones en las hábiles manos de este cineasta siempre estimulante.

No es pues nada extraño, que la presente película haya obtenido tres Oscars, correspondientes al mejor maquillaje, efectos de sonido, y vestuario, siendo además nominado para la estatuilla destinada a la mejor dirección artística. Cuatro nominaciones y tres Oscar son una prueba fehaciente de la calidad de este largometraje que ha lanzado al estrellato a Gary Oldman y a Winona Ryder, sus dos jóvenes protagonistas.

Profundamente enamorado del cine, del que vive y para el que vive, Francis Ford Coppola definió su «Drácula» como un acto de amor realizado, según el famoso director ha confesado, con «un estilo surrealista, en una exploración del mundo de los sueños».

FICHA TECNICA

Título original	Bram Stoker's Dracula
Año	1992
Director	Francis Ford Coppola
Guión	James V. Hart
Fotografia	Michael Ballhaus
Musica	Wojciech Kilare
Duración	130 minutos Color

FICHA ARTISTICA

Gary Oldman	Drácula
Winona Ryder	Mina/Elisabetta
Anthony Hopkins	Van Helsing
Keanu Reeves	Jonathan Harker
Richard E. Grant	Jack Seward
Cary Elwes	Arthur Holmwood
Sadie Frost	Lucy Westernra

DUNE
Una película de DAVID LYNCH "DUNE"
Guion de DAVID LYNCH Basada en la novela de FRANK HERBERT Montada por ANTONY GIBBS Efectos mecánicos especiales por KIT WEST Efectos fotográficos especiales por BARRY NOLAN
Efectos visuales especiales por ALBERT WHITLOCK Criaturas creadas por CARLO RAMBALDI Musica por TOTO Tema de la profecía por BRIAN ENO
Diseño de vestuario por BOB RINGWOOD Diseño de producción por ANTHONY MASTERS Director de fotografía FREDDIE FRANCIS
Productor asociado JOSE LOPEZ RODERO Producida por RAFFAELLA DE LAURENTIIS Dirigida por DAVID LYNCH

DUNE

SINOPSIS

En el desierto planeta de Arrakis, también conocido por Dune, la reverenda madre Ramallo (Silvana Mangano) entona una antigua profecía para los Fremen: «Alguien vendrá de lejos y traerá la guerra santa, el Jihad, que purificará el universo y nos sacará de las tinieblas...»

Ese momento parece haber llegado. En el remoto planeta Caladan, bendecido por el don de la lluvia, Lady Jessica (Francesca Annis) ha desobedecido la orden de su Hermandad Bene Gesserit de concebir sólo hijas, y ha dado a luz el hijo que su amo, el duque Leto Atreides (Jurgen Prochnow), que tanto deseaba. Es más, Lady Jessica se atreve a acariciar e suelo de que su hijo Paul se convierta en el Kwisatz Haderach, un mesías lleno de poderes mágicos, «aquel que unirá el tiempo y el espacio».

CONSIDERACIONES

«Dune» es una producción de ciencia-ficción que supone la adaptación cinematográfica de la ya mítica novela de Frank Herbert. Su director, David Lynch, ha sabido aprovechar el fabuloso presupuesto con el que ha contado, dotando a este filme de unos magníficos decorados, vestuarios y paisajes. Por otra parte, ha sabido también resumir un relato muy largo en una película de poco más de dos horas, aunque, eso sí, el espectador tiene que hacer un continuo esfuerzo para seguir adecuadamente la multitud de nombres y acontecimientos que se presentan en este largometraje.

«Dune» es, desde luego, un filme grandioso que pone de manifiesto el impresionante aparato productivo del célebre Dino de Laurentis, contando con múltiples escenas de gran brillantez y espectacularidad que, sin dida, hacen las delicias de todo aficionado al cine de ciencia-ficción.

FICHA TECNICA

Título original	Dune
Año	1985
Director	David Lynch
Guión	Freddie Francis
Fotografia	David Lynch
Musica	Toto y Brian Eno
Duración	137 minutos
	Color

FICHA ARTISTICA

Kyle MacLachlan	Paul Atreidos
Sean Young	Chani
Francesca Annis	Lady Jessica
Jose Ferrer	El emperador
Sting	Feyd Rautha
Jürgen Prochnow	El duque Leto
Dean Stockwell	Dr Wellington
Max Von Sydow	Dr Kynes

eduardo
MANOSTIJERAS
Un film de TIM BURTON • EDWARD SCISSORHANDS - JOHNNY DEPP • WINONA RYDER • DIANNE WIEST
ANTHONY MICHAEL HALL • KATHY BAKER • VINCENT PRICE como el inventor y ALAN ARKIN música de DANNY ELFMAN
efectos de maquillaje creados por STAN WINSTON montada por RICHARD HALSEY, A.C.E. diseño de producción BO WELCH
director de fotografía STEFAN CZAPSKY productor ejecutivo RICHARD HASHIMOTO historia de TIM BURTON & CAROLINE THOMPSON
guión de CAROLINE THOMPSON producido por DENISE DI NOVI y TIM BURTON dirigido por TIM BURTON

EDUARDO MANOSTIJERAS

SINOPSIS

He aquí un cuento maravilloso que ocurre en nuestros días. Érase una vez un se androide, que no era ni humano ni robot, pero que parecía en parte las dos cosas. En un remoto castillo, este ser iba siendo llevado del no ser a la vida gracias al genio de un sabio inventor, de gran capacidad tecnológica. La muerte repentina de su padre creador lo deja inacabado, con unas manos experimentales constituidas por tijeras de diversos tamaños en lugar de dedos, lo que daba a este humanoide un bizarro y terrorífico aspecto. Pero no es la garra lo que hace al tigre, sino el corazón. Y Eduardo tiene un corazón de oro que cautiva al que lo conoce.

CONSIDERACIONES

«Eduardo Manostijeras» es la más lograda y más original película de Tim Burton. No sólo la historia —de la que Burton es co-autor y que tiene sorprendentes puntos de contacto con «El licenciado Vidriera» de Cervantes— es de un genio y una inteligencia enormes, con poesía, humor y sorpresas a raudales, a lo que contribuyen también el uso del color y del decorado, la elección y dirección de actores, y la música. En clave sentimental-humorística, Burton urde un «cuento de hadas» capaz de fascinar, maravillar y regocijar tanto a los niños pequeños como a sus hermanos adolescentes, a los padres y a los abuelos, desplazándose constantemente, de un nivel a otro de la ficción, de tal modo que la película es a la vez un cuento simple y directo, y una juiciosa y jugosa reflexión sobre el paso del tiempo y sobre la trágica imposibilidad de materializar los sueños.

FICHA TECNICA	
Título original	Edward Scissorhands
Año	1991
Director	Tim Burton
Guión	Carolie Thompson
Fotografía	Stefan Czapsky
Música	Danny Elfman
Duración	107 minutos
	Color

FICHA ARTISTICA	
Johnny Depp	Eduardo
Winona Ryder	Kim
Dianne Wiest	Peg
Anthony Michael Hall	Jim
Alan Arkin	Bill
Vincent Price	El inventor

ENCUENTROS
EN LA PRIMERA FASE:
DIVISAR UN OVNI
ENCUENTROS
EN LA SEGUNDA FASE:
EVIDENCIA FISICA
ENCUENTROS
EN LA TERCERA FASE:
CONTACTO
ENCUENTROS
EN LA TERCERA FASE:
Una presentacion COLUMBIA/EMI
CLOSE ENCOUNTERS OF THE THIRD KIND Una Produccion PHILLIPS Un film de STEVEN SPIELBERG
Protagonizado por RICHARD DREYFUSS Con FRANCOIS TRUFFAUT como Lacombe
Musica de JOHN WILLIAMS Efectos Visuales de DOUGLAS TRUMBULL Director de Fotografia VILMOS ZSIGMOND, A.S.C.
Producida por JULIA PHILLIPS y MICHAEL PHILLIPS Escrita y Dirigida por STEVEN SPIELBERG
DOLBY SYSTEM Panavision

ENCUENTROS EN LA 3ª FASE

SINOPSIS

Los investigadores del fenómeno "OVNI" hablan de tres tipos de avistamientos o encuentros. Los del primer tipo son aquellos en que el objeto no identificado se ve sin más. el segundo tipo es cuando existe un contacto de dichos objetos con nuestro planeta (aterrizaje); el tercero, el que subyugó a Spielberg, se produce cuando hay contacto entre sus tripulantes y los terrícolas.

De esta manera, tras amontonar bibliografía, recoger testimonios y asesorarse convenientemente Steven Spielberg comenzó el guión de "Encuentros cercanos en la tercera fase", traducción literal del título original al castellano.

La película comienza en un desierto al sur de Estados Unidos y se centra en un investigador, una madre con su pequeño hijo y un empleado del tendido eléctrico. Todos se sienten subyugados por un extraño influjo. El científico quiere ampliar sus áreas de conocimiento, la madre no desea que le aparten de su hijito y el empleado recibe un mensaje telepático: reunirse en cierto punto de encuentro.

CONSIDERACIONES

Tras sus primeras películas, Steven Spielberg cambió radicalmente de estilo. Dejó los guiones basados en casos reales para perseguir la pura y simple aventura. Llegó a la conclusión de que debía alejarse un tanto de los casos con fundamento por muy ilógico que pudiera parecer a simple vista, a cambio de excitar la imaginación de los guionistas y llevar a su público la aventura sublimada.

Tanto es así que a partir de aquel instante el rey Midas del cine actual dirige guiones totalmente inéditos, mientras que aquellos que tienen fundamentos relacionados con la parapsicología, y que tanto le gustan, los deja para otros realizadores, como sucedió en el caso de "Poltergeist".

"Encuentros en la tercera fase" tiene como antecedente relatos y declaraciones de especialistas en el fenómeno "OVNI" y de testigos presenciales. Con todo ello, y las constantes más sobresalientes que parecen rodear lo que se relaciona con los objetos volantes no identificados, se ha confeccionado esta película, que ganó el Oscar correspondiente a la mejor fotografía, además de ser nominado para los relativos a mejor actriz femenina (Melinda Dillon), director, decoración, sonido, banda sonora original y montaje.

Este filme fue además un éxito comercial de primera magnitud, por lo que tres años después de su estreno se comercializó una nueva versión, en la cual se cortó 16 minutos del antiguo montaje y se sustituyeron por trece nuevos de los cuales siete fueron rodados exprofeso. Así, se realizó la llamada "Edición especial" de "Encuentros en la tercera fase", siendo uno de los pocos casos en la historia del cine en el que el autor de un largometraje edita una nueva versión.

FICHA TECNICA

Título original .... Close encounters in the third kind
Año 1977
Director .... Steven Spielberg
Guión .... Steven Spielberg
Fotografía .. Vilmos Zsigmond A.S.C.
Música .... John Williams
Duración .... 135 minutos
Color

FICHA ARTISTICA

Richard Dreyfuss .... Roy Neary
Francois Truffaut .. Claude Lacombe
Teri Garr .... Ronnie Neary
Melinda Dillon .... Jilliam Guiler
Bob Balaban .... David Laughlin
Lance Hendriksen .... Robert

EL ENIGMA
...¡DE OTRO MUNDO!
Dirigida por: CHRISTIAN NYBY
Un filme
desconcertante de
HOWARD HAWKS

EL ENIGMA DE OTRO MUNDO

SINOPSIS

Un grupo de militares descubre un misterioso artefacto entre los hielos. Pronto llegan a la conclusión de que se trata de una nave espacial que ha naufragado en nuestro planeta con una carga letal. Uno de los alienígenas permanece con vida y es una especie de hombre-planta, cuyo cuerpo es capaz de regenerarse. Ser que se rige ante todo por la supervivencia, desatará el terror en la base que habitan sus descubridores, sembrando la incógnita sobre cuál es su próxima víctima.

CONSIDERACIONES

Producida por Howard Hawks, que según rumores también rodó algunas escenas y siguió muy de cerca todo el proceso creativo, «La cosa, el enigma de otro mundo» se encuentra en la base de inspiración esencial de «Alien», dirigida por Ridley Scott a finales de los años setenta, y es una de las grandes joyas de la etapa dorada de la ciencia ficción en la serie B producida en Estados Unidos. Trasladando el espíritu de grupo habitual en las películas de Howard Hawks, desde «Luna nueva» o «Sólo los ángeles tienen alas», hasta «Hatari», aborda también el militarismo rampante en la sociedad norteamericana de su época de producción, a través de los enfrentamientos entre los militares y los científicos de la trama. Pierden aparentemente los científicos, algo por otra parte muy propio de la guerra fría. También hay que valorar el posible mensaje ideológico de la película incluido a través de la personalidad del extraterrestre, cuyo poder más terrorífico es curiosamente el mismo que le adjudicaban los cazadores de comunistas del senador McCarthy a las personalidades izquierdistas norteamericanos de esa etapa: el poder de infiltración. De los científicos, a quienes también se les consideraba responsables del terror atómico, se llega a afirmar en el guión de la película que son «como niños con un juguete nuevo». También se ha hecho famosa su advertencia final, de carácter claramente radical y reaccionario: «Vigilad los cielos».

La película se basó en el relato «Who Goes There?», de J.W. Campbell Jr., director de la revista de ciencia ficción «Astouding Stories» nacido en Newark, Nueva Jersey, en 1910 y principal impulsor del género a nivel literario, a través de sus producciones editoriales.

FICHA TECNICA

Título original	The Thing From Another World
Año	1951
Director	Christian Niby y Howard Hawks
Guión	Charles Lederer
Fotografía	Russell Harlan
Música	Dimitri Tiomkin
Duración	87 minutos Blanco y negro

FICHA ARTISTICA

Robert Cornthwaithe	Dr. Carrington
Kenneth Tobey	Cap. Gatrick Henry
Margaret Sheridan	Nikky
Bill Shelf	Cl. Barnes
James Arness	La Cosa
Dewey Martin	Vic Mc/Auliff

TOM CRUISE
BRAD PITT
ENTREVISTA CON EL VAMPIRO
DIRECTOR: NEIL JORDAN

ENTREVISTA CON EL VAMPIRO

SINOPSIS

Un joven periodista tropieza con un curioso personaje en una gran urbe norteamericana y entabla con él una siniestra relación, en base a una entrevista en la que el desconocido revela su vida y su pasado. El relato nos traslada a Louisiana, poco antes de que el desconocido sea iniciado en el vampirismo por Lestat, veterana criatura de la noche que le promete la vida eterna pero no le prepara para la pesadilla de vivir dependiendo de la sangre de otros. El nuevo vampiro se niega a asesinar para alimentarse, pero finalmente aprende a vivir según su nueva naturaleza y forma con Lestat un dúo convertido en trío con la llegada de una niña que también acaba siendo convertida en vampiro. La historia de los tres personajes es un drama de amor y terror en el que la muerte acecha continuamente.

CONSIDERACIONES

Junto a la garantía de tener a Tom Cruise en el papel protagonista (no hay que olvidar que en poco más de una década sus películas han generado ingresos por valor de más de 2.000 millones de dólares), la película cuenta con el interés añadido de haber convocado a Brad Pitt, Stephen Rea, Antonio Banderas y Christian Slater para ocuparse de dar vida a los personajes principales de la trama. De esta forma, los productores se han asegurado de que la visualización de la novela que Anne Rice, autora del guión, publicó en 1976 corriera a cargo de las figuras más impactantes en el difícil arte de fabricar fantasías de celuloide.

Neil Jordan, que se inició como asesor creativo en el «Excalibur» de John Boorman, es el encargado de llevar la batuta tras las cámaras, con un currículum en el que se manifiesta una especial capacidad para generar el suspense y dar una versión singular de los géneros que toca, desde el suspense en «Mona Lisa» o «Juego de lágrimas» hasta el terror con «En compañía de lobos». El presente largometraje fue nominado para los Oscars relativos a la mejor dirección artística y mejor banda sonora, logrando una recaudación en taquilla, sólo en Estados Unidos, de 103,49 millones de dólares.

«Entrevista con un vampiro» se desarrolla en tres ciudades, Nueva Orleans, París y Londres, y abarca cinco períodos de tiempo a lo largo de 200 años. Para rodarla se construyeron sesenta y cinco decorados y una enorme ciudad portuaria al aire libre en Nueva Orleans. Una de las secuencias más elaboradas del filme es el incendio de Nueva Orleans, que fue rodado en gran parte desde un barco en el río Mississippi.

Por si esto fuera poco, y al tratarse de una película de vampiros, casi toda la acción transcurre de noche, de manera que el equipo de rodaje tuvo que trabajar desde las cuatro de la tarde hasta el amanecer del siguiente día.

FICHA TECNICA	
Título original	Interview with the Vampire
Año	1994
Director	Neil Jordan
Guión	Anne Rice
Fotografía	Phillippe Rousselot
Música	Elliot Goldenthal
Duración	122 minutos Color

FICHA ARTISTICA	
Brad Pitt	Louis
Tom Cruise	Lestat
Chistian Slater	Malloy
Kirsten Dunst	Claudia
Antonio Banderas	Armand
Stephen Rea	Santiago

E.T. EL EXTRATERRESTRE
El tiene miedo.
Está completamente solo.
Está a 3.000.000
años luz de su hogar.
E.T. THE EXTRA-TERRESTRIAL
una película
de STEVEN SPIELBERG. Con DEE WALLACE, PETER COYOTE y
HENRY THOMAS como ELLIOT.
Música de JOHN WILLIAMS. Escrita por MELISSA MATHISON.
Producida por STEVEN SPIELBERG & KATHLEEN KENNEDY.
Dirigida por STEVEN SPIELBERG.

E.T.

SINOPSIS

Algo extraño ocurre en la soledad del bosque californiano. Entre los enormes pinos, unos misteriosos visitantes nocturnos toman muestras de plantas y especies botánicas. Pero los intrusos son sorprendidos por una patrulla de vigilancia y deben refugiarse a toda prisa en su vehículo, una gran nave espacial que cierra sus compuertas y parte a toda velocidad. Sin embargo, uno de los pequeños visitantes extraterresters no consigue introducirse a tiempo en la nave y queda perdido en el bosque.

Horas después, a pocos kilómetros de aquel lugar, la historia continúa en una casa habitada por una joven madre y sus tres hijos —el matrimonio se ha roto y el padre está en Méjico—, el más pequeño de los cuales hace un sorprendente descubrimiento en el cobertizo del jardín. Allí está escondido «alguien» que le devuelve una pelota intentando quizá jugar con él. La primera reacción del chiquillo es de miedo y espanto. Cuenta su aventura nocturna a sus hermanos y amigos: «He encontrado a un extraterrestre...» Pero nadie le cree.

A la noche siguiente, el pequeño Elliot, armado de valor y provisto de una linterna, se atreve a montar guardia en el jardín en espera del desconocido extraterrestre. Se duerme en su silla y es despertado por algo que no es una pesadilla. Algo sale del cobertizo...

CONSIDERACIONES

La película más taquillera hasta el presente momento de toda la historia del cine. Fue nominada para nueve óscars de Hollywood, logrando cuatro de ellos, correspondientes al mejor sonido (Gene Cantamessa), efectos visuales (Carlo Rimbaldi), efectos sonoros (Charles L. Campbell y Ben Burtt), y mejor banda sonora original. Alcanzó además el prestigiado Globo de Oro relativo a la mejor película y fue seleccionada para ser proyectada en las Naciones Unidas, que otorgó un premio especial a su director Steven Spielberg.

«ET» fue proyectada para el público por primera vez en el Festival de Cannes de 1982, produciéndose su estreno oficial el 11 de junio de 1982.

Se estima que más de 350 millones de personas han visto este largometraje, que sólo en su primer año de comercialización recaudó más de 359 millones de dólares, cuando su coste de producción fue de 10,5 millones de dólares.

El modelo mecánico de E.T. costó 1,5 millones de dólares. Mide un metro de alto y contiene 85 puntos de movimiento, que manejaron 12 ingenieros.

El personaje de E.T. fue finalista en el codiciado «Premio al Hombre del año» que concede la revista Time, debido probablemente, no sólo a la popularidad que alcanzó, sino también a que el mismo contiene una gran dosis de ternura, poesía, humor y fantasía.

FICHA TECNICA

Título original	E.T. The extra-terrestrial
Año	1982
Director	Steven Spielberg
Guión	Melissa Mathison
Fotografía	Allen Davian
Música	John Williams
Duración	115 minutos Color

FICHA ARTISTICA

Henry Thomas	Elliot
Dee Wallace	Mary
Peter Coyote	Keys
Tom Howell	(Tyler)
Sean Frye	Steve
Drew Barrymore	Gertie

Una espada... Forjada por un dios.
Semilla del futuro. Fuerza viva de un Rey.
EXCALIBUR
"EXCALIBUR" de John Boorman
Nigel Terry · Helen Mirren · Nicholas Clay · Cherie Lunghi · Paul Geoffrey y Nicol Williamson
Productores Ejecutivos Edgar F. Gross y Robert A. Eisenstein · Director y Productor John Boorman
Guionistas Rospo Pallenberg y John Boorman
Una Adaptación de Le Morte Darthur de Malory de Rospo Pallenberg
Technicolor

EXCALIBUR

SINOPSIS

El Rey Uther y el Duque de Cornwall firman la paz cuando el mago Merlín otorga al primero de ellos la famosa espada Excalibur. Pero, con la ayuda de los encantamientos de Merlín, Uther seduce a la esposa de Cornwall, Igrayne. Nueve meses después da a luz a un niño, Arturo, que es reclamado por Merlín, como pago a sus servicios. La guerra retorna y Uther cae muerto. Antes de expirar hunde Excalibur en una roca de la que sólo podrá ser extraída por su verdadero sucesor. Dieciocho años después, Arturo extrae Excalibur de la roca accidentalmente y es proclamado Rey. Ayudado por Merlín, vence a sus enemigos y convierte a Ginebra en su esposa y Reina y a Lancelot en su campeón. El país prospera y Arturo crea la hermandad de la Tabla Redonda pero Morgana, hija de Cornwall e Igrayne, buscan vengarse del pasado y convence a Gawain para que acuse a Lancelot y Ginebra de ser amantes. Toda la felicidad que disfrutaba el país desaparece a causa de esta conspiración.

CONSIDERACIONES

Adaptación cinematográfica de la obra escrita por Thomas Malory en el siglo XV, «La morte d'Arthur», que se inspiraba a su vez en los escritos del poeta provenzal Chrétien de Troyes.

Con unos excelentes efectos especiales, el director Boorman ha logrado un filme que presenta una inmejorable ambientación, así como una elevada dosis de romanticismo, conservando todos los efectos míticos y legendarios de la célebre leyenda que narra.

Boorman también ha sabido plasmar en «Excalibur» escenas escalofriantes, junto a imágenes bellísimas que logran transmitir al espectador la visión idealizada e un caballero andante. «Excalibur» logró una gran aceptación, tanto por parte de la crítica especializada como por el público en general. En efecto, fue nominada al Óscar de Hollywood relativo a la mejor fotografía, y obtuvo además unos excelentes ingresos en taquilla.

FICHA TECNICA	
Título original	Excalibur
Año	1981
Director	John Boorman
Guión	John Boorman y Rospo Pallenberg
Fotografía	Alex Thomson
Música	Trevor Jones
Duración	130 minutos
	Color

FICHA ARTISTICA	
Nigel Terry	Arturo
Helen Mirren	Morgana
Nicholas Clay	Lancelot
Nicol Williamson	Merlin
Gabriel Byrne	Uther Pendragon
Paul Geoffrey	Perceval
Katrine Boorman	Ygraine
Robert Addie	Mordred

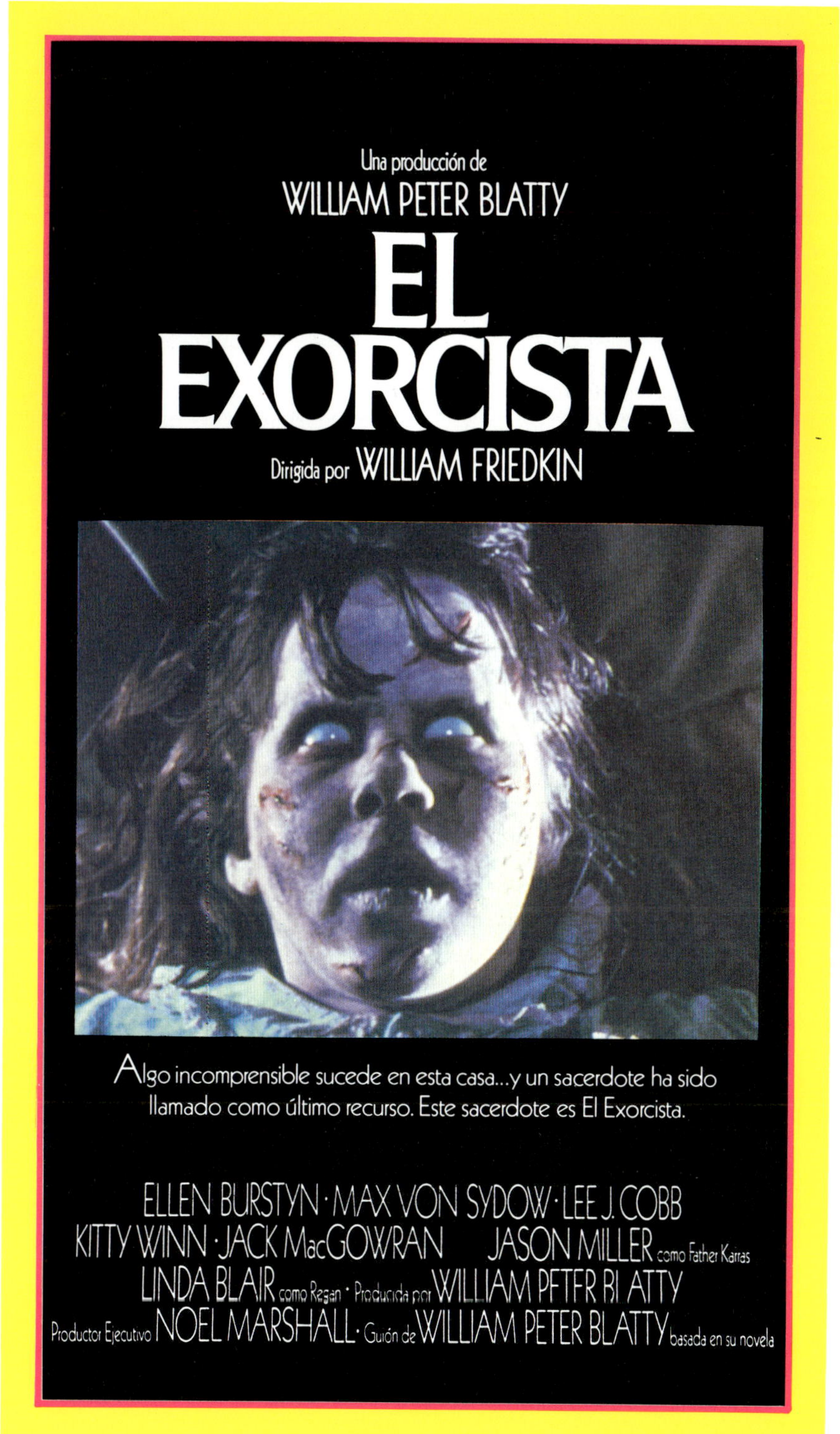
Una producción de
WILLIAM PETER BLATTY
EL EXORCISTA
Dirigida por WILLIAM FRIEDKIN
Algo incomprensible sucede en esta casa...y un sacerdote ha sido llamado como último recurso. Este sacerdote es El Exorcista.
ELLEN BURSTYN · MAX VON SYDOW · LEE J. COBB
KITTY WINN · JACK MacGOWRAN JASON MILLER como Father Karras
LINDA BLAIR como Regan · Producida por WILLIAM PETER BLATTY
Productor Ejecutivo NOEL MARSHALL · Guión de WILLIAM PETER BLATTY basada en su novela

EL EXORCISTA

SINOPSIS

La hija de una actriz de cine de notable popularidad es atacada por fenómenos sobrenaturales, lo que aterroriza a su madre, no creyente, que, tras someterla a múltiples análisis médicos, acude a un sacerdote para que efectúe el exorcismo. Éste se niega al principio, pero tras la aparición de un asesinato y los síntomas que observa en la niña, acude a su obispo y le señala la conveniencia de efectuar este sacramento. El obispo accede y envía a un sacerdote experimentado en esta actividad para que ayude al primero en su cometido. Sin embargo, debido a su avanzada edad, el corazón de este veterano cura no soporta la dureza del exorcismo, muriendo al intentar realizarlo. Ante este hecho el sacerdote superviviente tiene que enfrentarse en solitario contra el demonio, lo que originará que tome una drástica decisión.

CONSIDERACIONES

A «El exorcista» le cabe el honor de haber sido en toda la historia del cine el único filme de terror nominado al Oscar correspondiente a la mejor película. Finalmente no logró este galardón, pero sí otros dos Oscars, relativos al mejor guión adaptado y mejor sonido, siendo además nominado para los correspondientes a la mejor actriz, actor secundario (Jason Miller), actriz secundaria (Linda Blair), director, fotografía, decoración y montaje.

Este largometraje fue el segundo más taquillero en el mercado anglosajón en 1974 y hasta el momento es uno de los mayores beneficios ha proporcionado a la Warner. Además ha dado lugar a toda una secuela de filmes de los llamados «imitadores», hasta el punto de que algunos críticos consideran a «El exorcista» como el iniciador de todo un género cinemato gráfico, el llamado «terror satánico».

El impacto que esta película causó en su momento fue enorme. La primera semana de su exhibición en USA logró una recaudación récord, a través de veinticuatro cines, en los que se formaron colas de hasta cuarenta y ocho horas para comprar una entrada. Éstas, en el mercado negro, llegaron a tener una cotización de cincuenta dólares unidad, cuando en taquilla no valían más de ocho. Por otra parte, algunos espectadores sufrieron durante la proyección desmayos y alucinaciones, dándose algunos casos de supuesta posesión, de modo similar a la que sufre la protagonista del filme. La televisión dio cuenta de esta especie de histerismo colectivo, lo que incrementó aún más el «boom» comercial del largometraje que nos ocupa.

FICHA TECNICA

Título original	The exorcist
Año	1973
Director	William Friedkin
Guión	William Peter Blatty
Fotografía	Owen Roizman y Billy Williams
Música	Jack Nitzsche
Duración	121 minutos
	Color

FICHA ARTISTICA

Ellen Burstyn	Chris McNeil
Max von Sydow	Padre Merrin
Lee J. Cobb	Teniente Kinderman
Linda Blair	Regan McNeil
Jason Miller	padre Karras
Ditty Wynn	Sharon
Jack Mac Gowran	Burne

FAHRENHEIT
451
OSKAR
WERNER
JULIE
CHRISTIE
DIRECTOR: FRANCOIS TRUFFAUT

FAHRENHEIT 451

SINOPSIS

Fahrenheit 451 es la temperatura a la que el papel de los libros se inflama y arde. En el futuro, quemar libros, práctica heredada de las hogueras organizadas por Adolfo Hitler en la Alemania nazi, se ha convertido en una forma de controlar la mente de los ciudadanos. En una dictadura futurista que prohíbe pensar, un bombero encargado paradójicamente de provocar fuegos, empieza a abrir su mente a las dudas y casi sin pretenderlo entra en contacto con un grupo de rebeldes. Cada uno de ellos ha dedicado su vida a memorizar un libro completo, como única forma de preservar la riqueza intelectual y narrativa de la especie humana.

CONSIDERACIONES

Dentro de las películas futuristas producidas en Europa, este largometraje de François Truffaut es posiblemente el que más relevancia ha alcanzado a nivel internacional. Basado en la novela del mismo título de Ray Bradbury (que el autor encabezaba con una cita de Juan Ramón Jiménez: «Si os dan papel pautado, escribid por el otro lado»), este largometraje es, como su original literario, un canto de amor a la literatura y de exaltación del placer de leer, algo poco frecuente en nuestros días, que están consiguiendo convertir la distopía de Bradbury en una dolorosa realidad.

A Truffaut le costó sólo 25.000 dólares adquirir los derechos para la adaptación de la novela al cine. Mal recibida por crítica y público en el momento de su estreno, se ha convertido posteriormente en un título elogiado dentro de la filmografía de su realizador, que la rodó como si estuviera trabajando en blanco y negro —era su primera película en color—, potenciando especialmente los rojos.

FICHA TECNICA

Título original .... Fahrenheit 451
Año 1967
Director .... Francois Truffaut
Guión . F. Truffaut y Jean Louis Richard
Fotografía .... Nicholas Roeg
Música .... Bernard Herrmann
Duración .... 112 minutos
Color

FICHA ARTISTICA

Oskar Werner .... Montag
Julie Christie Linda Montag y Clarisa
Cyril Cusack .... El Capitan
Anton Diffring .... Fabian
Jeremy Spenser ... El hombre con la manzana

EL FANTASMA DE LA OPERA

DIRECTOR: RUPERT JULIAN

EL FANTASMA DE LA OPERA

SINOPSIS

Christine, una joven cantante, sueña con llegar a ser una gran diva de la ópera. Un hombre enmascarado, «el Fantasma», se convierte en su protector y maestro después de oír su espléndida voz. Se compromete a prestarle toda la ayuda necesaria para conseguir el éxito. A cambio, sólo le pide que dedique toda su vida exclusivamente a la música. Eso implica la ruptura de las relaciones sentimentales de la muchacha con su novio, Raoul. Una vez cerrado el acuerdo, y movido por la desconfianza y el afecto que siente hacia la joven, el fantasma decide secuestrarla para llevarla a su mundo subterráneo, donde se desvela la verdad sobre su pasado y su terrorífica apariencia actual.

CONSIDERACIONES

Especializado en personajes deformes, el actor Lon Chaney fue también uno de los pioneros más destacados en el campo de la creación y aplicación del maquillaje en el cine de terror. Padre del que iba a convertirse en el Hombre-Lobo más famoso de la Universal muchos años más tarde, Chaney consiguió complementar con la creación de su maquillaje para el Fantasma el ambiente terrorífico que envuelve esta versión del relato de Gaston Leroux, publicado en 1911.

La película se ha convertido por méritos propios en la mejor versión del relato literario en que se basa y en uno de los títulos más logrados del cine de terror en la etapa muda, dando lugar a otras cinco adaptaciones, influyendo también en otros títulos, como «Darkman» o «Lecturas diabólicas».

Chaney ofreció en «El fantasma de la ópera» una de las mejores interpretaciones de su carrera. Su nombre real era Alfonso Chaney, y era hijo de sordomudos. Se inició en el teatro en una compañía fundada junto con su hermano en 1903, y comenzó en el cine como extra de la Universal, para la que, en cinco años, llegó a interpretar la sorprendente cifra de 79 películas, seis de ellas dirigidas por él mismo. Posteriormente, trabajó para la Paramount elaborando su galería de tipos deformes.

FICHA TECNICA

Título original .... The Phantom of the Opera
Año 1925
Director .... Rupert Julian
Guión .... Raymond Shrock y Elliott J. Clawson
Fotografía .... Virgil Iller, Milton Bridenbecker, Charles Van Enger
Director artistico .... Charles Hall y Ben Carre
Duración .... 90 minutos
Blanco y negro. Muda

FICHA ARTISTICA

Lon Chaney .... Erik, el fantasma
Mary Phillbin .... Christine Daae
Norman Kerry .... Raoul de Chagny
Snitz Edwards .... Florine Papillon

FRANKENSTEIN
CON
COLIN CLIVE
MAE CLARKE
JOHN BOLES
BORIS KARLOFF
BASADA EN LA HISTORIA DE MARY WOLLSTONE CROFT SHELLEY
DIRIGIDA POR JAMES WHALE

FRANKENSTEIN (EL Dr. FRANKENSTEIN)

SINOPSIS

Ayudado por su criado Fritz, el doctor Frankenstein roba cadáveres con la intención de servirse de ellos para llevar a cabo el experimento con el que sueña: crear un hombre y dotarlo de vida. A falta de un cerebro para completar su creación, Fritz coge, por error, el cerebro de un criminal. Una noche tormentosa, ayudado por la electricidad, Frankenstein consigue darle vida a su creación. El monstruo se escapa y comete varios crímenes, sembrando el terror en el pueblo. Secuestra a la prometida de Frankenstein y, perseguido por todos los aldeanos, perece entre las llamas de un incendio provocado por éstos.

CONSIDERACIONES

Mítica película de la Universal que constituye la adaptación cinematográfica de la versión teatral de la novela «Frankenstein o el moderno Prometeo» de Mary W. Shelley. Su estreno en 1931 provocó toda una conmoción, lanzando a la fama al actor Boris Karloff, cuyo nombre real era William Henry Butt. Bela Lugosi se negó a interpretar el papel de la criatura, lo que fue decisivo para la carrera de Boris Karloff.

En esta película, el esplendor de los decorados y el agudo trabajo con las luces y las sombras proporcionan una atmósfera sugestiva que alcanza sus mejores momentos en la descripción inicial del cementerio, que es casi una creación pictórica, y en el delirio barroco del laboratorio de Frankenstein.

FICHA TECNICA	
Título original	Frankenstein
Año	1931
Director	James Whale
Guión	Garret Fort y otros
Fotografía	Arthur Edeson
Música	David Brockman
Duración	75 minutos
	Blanco y negro

FICHA ARTISTICA	
Colin Clive	Henry Frankenstein
Mae Clarke	Elizabeth
Boris Karloff	La criatura
John Boles	Victor
Edward Von Sloan	Dr Waldman
Frederick Kerr	Baron Frankenstein

ROBERT
DE NIRO
KENNETH
BRANAGH
FRANKENSTEIN
DIRIGIDA POR KENNETH BRANAGH

FRANKENSTEIN

SINOPSIS

En los hielos del Ártico un barco encallado se cruza con la figura lamentable de un viajero que persigue a algo o a alguien. El capitán del barco, un joven ansioso de protagonizar heroicos descubrimientos geográficos viajando hasta donde nadie ha podido llegar antes, descubre en la historia del extraño viajero un paralelismo con sus propios obsesiones. El joven Victor Frankenstein es un entusiasta investigador de la ciencia que tras padecer la desgraciada muerte de su madre durante el parto de su hermano queda obsesionado con la idea de preservar la vida a toda costa. Tras establecerse como estudiante de medicina, inicia una serie de experimentos prohibidos a la luz de los conocimientos desarrollados por uno de sus profesores. Así crea un monstruo de aspecto terrorífico al que repudia cuando la criatura cobra vida. Sin embargo, el ser que ha traído al mundo juntando los restos de varios cadáveres, buscará la venganza como única forma de acercarse al que considera su padre. De ese modo, la tragedia hará presa en la familia de Frankenstein.

CONSIDERACIONES

El primer problema a solucionar por los técnicos implicados en el proyecto fue conseguir hacer realidad un deseo del director y protagonista de la película, Kenneth Branagh, que deseaba rodar una película épica en estudio para controlar las condiciones de la filmación.

La película contaba además con numerosos efectos especiales. Según ha afirmado el supervisor de trucajes visuales Richard Conway, en el primer borrador de guión se aludía a numerosos efectos ópticos que fueron reducidos poco después. No obstante, la producción siguió contando con un equipo de quince a treinta personas para generar los trucos que han hecho posible un nuevo aspecto visual para las peripecias del doctor Victor Von Frankenstein.

Esta película fue nominada al Oscar correspondiente al mejor maquillaje. Nominación merecida puesto que sólo maquillar a Robert De Niro obligó a trabajar en tres estadios, puesto que éste (la criatura) aparece al principio con heridas frescas, presentando al final un cuerpo cubierto por cicatrices.

Branagh ha hecho un «Frankenstein» que refleja una visión mucho más humana del doctor protagonista, papel que interpreta el propio cineasta. Por otro lado, en este filme el ofuscado científico no es ni un excéntrico barón ni un doctor loco, sino un estudiante de medicina, obsesionado con la idea de la creación de vida tras sufrir la temprana muerte de su madre. A esa humanización contribuye la importancia que en esta versión se otorga al personaje de Elizabeth, la hermana adoptiva del doctor que en la novela apenas estaba desarrollado.

FICHA TECNICA	
Título original	Mary Shelley's Frankenstein
Año	1994
Director	Kenneth Branagh
Guión	Frank Darabont y Steph Lady
Fotografía	Roger Pratt
Música	Patrick Doyle
Duración	128 minutos Color

FICHA ARTISTICA	
Kenneth Branagh	Victor Frankenstein
Robert De Niro	La criatura
Helena Bonham Carter	Elizabeth Valenza
Aida Quinn	capitán Walton
Tom Hulce	Henry
John Cleese	profesor Waldman

FURIA DE TITANES
HARRY HAMLIN como Perseo JUDI BOWKER como Andrómeda
BURGESS MEREDITH MAGGIE SMITH URSULA ANDRESS CLAIRE BLOOM
SIAN PHILLIPS FLORA ROBSON y LAURENCE OLIVIER como Zeus
Efectos visuales especiales RAY HARRYHAUSEN Escrita por BEVERLEY CROSS
Dirigida por DESMOND DAVIS Música de LAURENCE ROSENTHAL
Producida por CHARLES H. SCHNEER y RAY HARRYHAUSEN
MGM
Distribuida por CINEMA INTERNATIONAL CORPORATION
Banda sonora original distribuida en España por discos CBS
Libro de Allan Foster distribuido en España por Azteca, S. A.

FURIA DE TITANES

SINOPSIS

Cuando su hija, Danae, da a luz a un niño (Perseo, engedrado por el dios Zeus), el rey Acrisius de Argos manda colocar a madre e hijo en una caja en medio del mar. Zeus interviene para salvarlos y, en venganza, destruye Argos y Acrisius. Años más tarde, la diosa del mar, Tetis, irritada con Zeus por haber transformado a su hijo Calibos en un ser desfigurado y monstruoso a causa de sus maldades, transporta mágicamente a Perseo a Joppa. Allí se enamora de la bella princesa Andrómeda, hija de la reina Casiopea, cuyos pretendientes se ven obligados por ésta a responder a acertijos imposibles y, si no aciertan, son condenados a la hoguera. Armado con un escudo, una espada y un casco mágicos, ofrecidos por los dioses, Perseo se lanza a resolver el último rompecabezas planteado por Casiopea.

CONSIDERACIONES

Ray Harryhausen uno de los grandes maestros de los efectos especiales cinematográficos logró en 1963 una excelente película, en base a un conocido relato de la mitología griega. Dicha película fue "Jason y los Argonautas", y en base a su aceptación volvió a trabajar a comienzos de la presente década, en otro filme de carácter similar cual es el presente largometraje que constituye una excelente adaptación cinematográfica de un bello poema épico.

"Furia de Titanes" es uno de los títulos más destacables del cine fantástico reflejando las rivalidades entre los diversos dioses del Olimpo, a los que encarnan conocidas estrellas cinematográficas, como Laurence Olivier, Ursula Andress, Maggie Smith, etc.

El popular protagonista de la serie televisiva "La ley de Los Angeles": Harry Hamlin, es el encargado de dar vida en la pantalla al héroe Perseo, quien se enfrenta con decisión a las feroces criaturas mitológicas ideadas por Ray Harryhausen y su ayudante Schneer. Ambos demuestran en este fime su talento para la creación de maquetas.

Rodada con bellas imágenes de paisajes de España y Malta así como del sur de Italia, "Furia de titanes" contiene además de magníficos decorados una espléndida partitura de Laurence Rosenthal.

Esta película, es, en definitiva, un ejemplo clásico de lo que el cine es capaz de hacer mejor que ningún otro arte: contar aventuras llenas de fantasía.

FICHA TECNICA

Título original	Clash of the Titans
Año	1981
Director	Desmond Davis
Guión	Beverly Cross
Fotografía	Ted Moore
Música	Laurence Rosethal
Duración	114 minutos Color

FICHA ARTISTICA

Harry Hamlin	Perseo
Laurence Olivier	Zeus
Claire Bloom	Hera
Ursula Andress	Afrodita
Maggie Smith	Tetis
Judi Bowker	Andromeda
Jack Gwillim	Poseidón

EL GABINETE DEL
DOCTOR CALIGARI
DIRECTOR: ROBERT WIENE

EL GABINETE DEL DOCTOR CALIGARI

SINOPSIS

Durante la fiesta de una ciudad imaginaria, el doctor Caligari exhibe a un curioso ser, Césare, que mantiene en un estado de catalepsia y no deja salir a la luz mas que para las necesidades de su espectáculo. En el curso de una de sus sesiones de predicción del futuro, Césare le anuncia al joven estudiante Alan que no llegará a vivir los suficiente para ver el nuevo día. Efectivamente, el muchacho muere asesinado, y uno de sus compañeros, Francis, empieza a sospechar que el culpable de la muerte es Caligari. Al mismo tiempo, la novia del joven, Jane, hija del Doctor Olsen, ha sido secuestrada por el sonámbulo siguiendo la orden de Caligari. Tras una persecución, Caligari consigue escapar de la policía refugiándose en un manicomio donde llegará a ser el director, confundiendo el relato con la trama imaginari de la mente de un loco.

CONSIDERACIONES

Una de las obras más completas del expresionismo alemán, «El gabinete del Dr. Caligari» es además un curioso ejercicio de terror cinematográfico y una reflexión sobre la enajenación mental, los sueños y la confusión entre la realidad y la ficción.

Robert Wiene tuvo que sustituir a Fritz Lang tras las cámaras y lo primero que hizo fue sustituir el mensaje general de la película haciendo del protagonista un loco, lo que trastocó la idea inicial de Lang, que había urdido una trama explicada como la enajenación que puede llegar a producir el poder, intento claramente premonitorio vista la historia inmediatamente posterior de Alemania.

FICHA TECNICA

Título original	Das Kabinet Der Doktors Caligari
Año	1919
Director	Robert Wiene
Guión	Carl Mayer y Hans Janowitz
Fotografía	Willy Hameister
Música	Peter Shirman
Duración	100 minutos
	Blanco y negro. Muda

FICHA ARTISTICA

Werner Krauss	Caligari
Conrad Veidt	Césare
Lil Dagover	Jane
Friedrich Feher	Francis
Hans von Twardowski	Alan
Rudolf Letinger	Dr. Olsen

¿CREES?
Antes de ser asesinado, Sam le dijo a Molly que la amaría y la protegería para siempre
PATRICK SWAYZE DEMI MOORE WHOOPI GOLDBERG
GHOST
(MAS ALLA DEL AMOR)
Una película de JERRY ZUCKER PATRICK SWAYZE DEMI MOORE WHOOPI GOLDBERG GHOST TONY GOLDWYN
Música de MAURICE JARRE Vestuario RUTH MORLEY Montaje de WALTER MURCH Disenador de producción JANE MUSKY
Director de fotografía ADAM GREENBERG Productor asociado BRUCE JOEL RUBIN Productor ejecutivo STEVEN-CHARLES JAFFE
Escrita por BRUCE JOE RUBIN Producida por LISA WEINSTEIN Dirigida por JERRY ZUCKER

GHOST

SINOPSIS

El argumento del filme gira en torno a una pareja de enamorados, Sam Wheat (Patrick Swayze), y Molly Jensen (Demi Moore, la esposa de Bruce Willis), en los que un aciago día recae la tragedia. Él es asesinado por un ladrón y la vida de Molly queda constantemente amenazada. Sam continúa en la Tierra en forma de ectoplasma y desea, a toda costa, poderse comunicar con Molly, lo cual consigue a través de una medium charlatana cuyo nombre es Oda Mae Brown (Whoopi Goldberg), que no cree en sus poderes hasta que Sam se le presenta en forma de espectro. Desde ese momento, todo se sucede rápidamente y la intriga va tomando cuerpo a partir de las intenciones de Sam de ponerse en contacto con Molly y el deseo de salvar la vida de la que fue su novia terrenal.

CONSIDERACIONES

Una de las películas más importantes de la presente década, pues fue el título más taquillero en Estados Unidos en 1990, proporcionando además a Whoopi Goldberg el oscar correspondiente a la mejor actriz secundaria.

«Ghost» es el primer filme dirigido en solitario por el realizador Jerry Zucker que ha logrado con el mismo un merecido prestigio, si bien no hay que olvidar que ha contado con uno de los guiónes mejor concebidos de todos los relativos a 1990.

El atractivo reparto de actores de este largometraje constituye otra baza a su favor, siendo destacable en este orden de cosas los toques de humor a cargo de Whoopi Goldberg, que realiza una excelente actuación, como una medium estrafalaria y gritona.

FICHA TECNICA	
Título original	Ghost
Año	1990
Director	Jerry Zucker
Guión	Bruce Joel Rubin
Fotografía	Adam Greenberg
Música	Maurice Jarre
Duración	126 minutos
	Color

FICHA ARTISTICA	
Patrick Swayze	Sam Wheat
Demi Moore	Molly Jensen
Whoopi Goldberg	Oda Mae Brown
Tony Goldwyn	Carl Brunner
Rick Aviles	Willie Lopez
Gail Boggs	Louise Brow

El Golem
DIRECTOR PAUL WEGENER

EL GOLEM

SINOPSIS

Un rabino judío angustiado por los malos tiempos a los que se enfrenta su pueblo en Praga decide construir a finales del siglo 16 una figura de barro que se convertirá en titánico defensor de su raza. Sin embargo, el drama estalla porque el Golem no puede ser controlado fácilmente y el miedo le convierte en un terrorífico monstruo que puede llegar a volverse en contra de su creador, como advertencia bíblica del castigo que aguarda a quienes intentan usurpar el poder creador de Dios.

CONSIDERACIONES

Basado en una novela de Gustav Meyrink, «El Golem» merece estar considerado entre los grandes monstruos del terror clásico. Aborda un tema similar al desarrollado por Mary Shelley en «Frankenstein»: el poder creador del hombre enfrentado al poder creador de Dios, y defiende también la tesis del miedo a la ciencia que en esta ocasión aparece disfrazada de magia con caracteres claramente fantásticos.

En realidad la historia se deriva de una leyenda judía de la ciudad de Praga.

Paul Wegener, actor de la compañía teatral de Max Reinhardt filmó las primeras versiones de «El estudiante de Praga» y «El Golem», realizando un «remake» de este último título, que es precisamente el presente filme, con el que el cine alemán comenzó a ser apreciado fuera de sus fronteras.

Llama especialmente la atención este largometraje por el hecho de que lo barroco y lo gótico se asimilan, ofreciendo una visión alucinante que puede definirse como un universo tenebroso. Este efecto se produce gracias a la magia de las luces y a la estilización de los decorados.

Wegener se definía a sí mismo como un gran aficionado a los temas fantásticos y de terror, por lo que encontró en el original de Meyrink un argumento perfecto, especialmente con la fotografía de Karl Freund y los decorados de Hans Poeizig.

FICHA TECNICA

Título original	Der Golem
Año	1920
Director	Paul Wegener y Henrik Galeen
Guión	Paul Wegener y Henrik Galeen
Fotografía	Karl Freund y Guido Seeber
Decorados	Hans Poeizig
Duración	75 minutos
	Blanco y negro. Muda

FICHA ARTISTICA

Paul Wegener	El Golem
Albert Steinruck	El rabino
Lydia Salmonova	La muchacha
Ernst Deutsch	El otro protagonista del filme

Graciosos.
Listos.
Malvados.
Inteligentes.
Peligrosos.
STEVEN SPIELBERG
PRESENTA
GREMLINS

GREMLINS

SINOPSIS

La historia comienza cuando, en una pequeña ciudad de los Estados Unidos, un padre llega a casa después de un viaje de negocios y entrega a su hijo un extraño regalo: un pequeño y simpático animalito de divertida mirada. Le dice que con este compañero lo va a pasar muy bien, siempre y cuando respete absolutamente las siguientes reglas: No exponerlo a la luz, no mojarlo y no darle de comer después de medianoche. Desgraciadamente, las circunstancias harán que estas reglas no se cumplan y entonces comenzará una cadena de acontecimientos desastrosos que nadie prodría imaginar jamás.

CONSIDERACIONES

«Gremlins» es un film único, original, totalmente sorprendente. Steven Spielberg y Joe Dante han volcado en él toda su fantasía creadora para conseguir una sucesión de imágenes inolvidables. Como muy bien ha dicho la revista «Newsweek», «Gremlins es una película que nadie debe perderse».

Este filme fue uno de los más taquilleros en el año en el que se estrenó, y lleva el indiscutible sello comercial de ese «mecenas de Hollywood» que es Steven Spielberg. Ideal para visualizar en familia, al entusiasmar a los pequeños y entretener a las personas de mayor edad, «Gremlins» es una película muy representativa del cine comercial norteamericano de los años ochenta.

FICHA TECNICA	
Título original	Gremlins
Año	1984
Director	Joe Dante
Guión	Chris Columbus
Fotografía	John Hora
Música	Jerry Goldsmith
Duración	105 minutos
	Color

FICHA ARTISTICA	
Zach Calligan	Billy
Phoebe Cates	Kate
Hoyt Axton	Rand Peltzer
Polly Holliday	Señora Deagle
Judge Reinhold	Gerald
Glynn Turman	Roy Hanson
Scott Brady	Frank

LA GUERRA
DE LAS
GALAXIAS
Con
MARK HAMILL HARRISON FORD CARRIE FISHER PETER CUSHING ALEC GUINNESS
Escrita y dirigida por GEORGE LUCAS Producida por GARY KURTZ Música de JOHN WILLIAMS

LA GUERRA DE LAS GALAXIAS

SINOPSIS

Narra este filme la historia de un joven, Luke, quien desde Tatooine, el ancho planeeta en que habita, se lanza a una colosal aventura intergaláctica en busca de la raptada princesa Leia, del planeta Alderaan. Luke es secundario en su aventura por Ben Kenobi, el último de los Jedi Knights, que eran los guardianes de la paz y la justicia de los «viejos tiempos», antes de que llegaran los «tiempos sombríos» a la galaxia. Han Solo, el vital y simplote capitán de «el Halcón Milenario», una astronave pirata Corellian; Chewbacca, un wookiee, la raza de antropoides gigantes con cara de mono y ojos azules, y los robots See-Threepio (C3Po) y Artoo-Detoo (R2D2), forman una sigular banda de aventureros que batallan contra Grand Moff Tarkin, el diabólico gobernador de las regiones del Imperial Outland, y el malevolente lord Darth Vader, que usa sus poderes extrasensoriales para ayudar al gobernador Tarkin en la rebelión contra el Imperio Galáctico. En el clímax de la película, Luke se envuelve en una batalla especial sin precedentes para conseguir destruir el gigantesco planeta, «Estrella de la Muerte».

CONSIDERACIONES

La tercera película más taquillera de toda la historia del cine. Fue premiada con seis oscars de Hollywood de los llamados menores, correspondientes a la mejor dirección artística, a los mejores efectos visuales, a los mejores efectos de sonido, a la mejor banda sonora, a la mejor ambientación, a la mejor decoración y al mejor vestuario.

En cierta forma, «La guerra de las galaxias» muestra el espacio como una especie de territorio desconocido, cuya exploración es excitante, huyendo de consideraciones filosóficas para centrarse fundamentalmente a la vertiente aventurera que supone dicha exploración espacial.

Nos encontramos, en definitiva, ante uno de esos filmes que hacen las delicias de personas de todas las edades, y que difícilmente llegan a olvidarse. Su éxito ha dado lugar a dos continuaciones: «El imperio contrataca» y «El retorno del Jedi», que también han obtenido unos excelentes ingresos en taquilla.

Sin duda alguna, la presente película es ya todo un clásico del cine de ciencia ficción y, por supuesto, uno de los títulos más importantes de toda la historia del cine.

FICHA TECNICA

Título original	Star wars
Año	1977
Director	George Lucas
Guión	George Lucas
Fotografía	Gilbert Taylor
Musica	John Williams
Efectos especiales	John Dykstra y John Stears
Duración	120 minutos Color

FICHA ARTISTICA

Mark Hamill	Luke Skywalker
Harrison Ford	Han Solo
Carrie Fisher	Princesa Leia
Alec Guinness	Ben Kenobi
Peter Cushing	Grand Moff Tarkin
Peter Mayhew	Chewbacca
David Prowse	Darth Vader

GENE BARRY
ANN ROBINSON
LA GUERRA DE LOS MUNDOS
DIRECTOR
BYRON HASKIN
"OSCAR" DE EFECTOS ESPECIALES "1953"

LA GUERRA DE LOS MUNDOS

SINOPSIS

Una serie de meteoritos caen en California. Un grupo de científicos y gente de la población cercana se dirigen al lugar, entre ellos el doctor Clayton Forrester Van Buren. Uno de los meteoritos comienza a dar señales de vida, sale un tentáculo terminado en «ojo» y destintegra a varios de los presentes. Entra en acción el Ejército, que descubre que los meteoros están cayendo en todo el planeta. Los marcianos comienzxan a emerger de los cráteres con sus naves, lanzando rayos desintegradores y provocando el pánico entre la gente. Con gran rapidez los marcianos van ganando terreno. Clayton y Silvia huyen hacia Los Ángeles; allí, junto con parte de la población, se refugian en una iglesia en espera del final. Entonces, una tras otra, las naves van cayendo. Una voz nos explica que los seres más pequeños del planeta: los virus y las bacterias, han acabado con los seres de Marte. La pesadilla ha terminado.

CONSIDERACIONES

Este filme constituye la adaptación cinematográfica de la famosa novela del mismo título de Herbert George Wells, uno de los pioneros de la ciencia ficción, quien la publicó en 1898. En 1925 la Paramount compró los derechos de la novela de Wells. El proyecto iba a ser dirigido por Cecil B. de Mille, pero se vino abajo. La emisión radiofónica de la citada novela en 1938 tuvo unos efectos traumáticos muy considerables, que el director Byron Haskins pensó que podría aumentar en la película que nos ocupa, que traslada la acción del Londres de 1890 a la California de 1953.

Desde luego, este filme impresionaba especialmente por sus efectos especiales a los que se les premió con un oscar, aunque se eliminó el sistema de tres dimensiones con el que se habían rodado las escenas finales. Hemos de señalar que en 1976 se realizó una versión con música pop, y que a finales de los años ochenta surgió la serie televisiva «La nueva guerra de los mundos», con la que se conmemoraba el cincuenta aniversario de la célebre emisión radiofónica de Orson Welles.

FICHA TECNICA	
Título original	The war of the worlds
Año	1953
Director	Byron Haskin
Guión	Barre Lyndon
Fotografía	George Barnes
Música	Leith Stevens
Duración	82 minutos
	Color

FICHA ARTISTICA	
Gene Barry	Dr. Clayton Forrester
Ann Robinson	Sylvia Van Buren
Les Tremayne	General Mann
Lewis Martin	Reverendo Matthew Collins
Robert Cornthwaite	Dr. Pryor
Sandro Giglio	Dr. Bilderbeck

...para cualquiera
que haya soñado alguna vez
R. CASARO
La Historia
Interminable
PRODUCERS SALES ORGANIZATION
BERND EICHINGER/BERND SCHAEFERS
WOLFGANG PETERSEN
NOAH HATHAWAY
BARRET OLIVER
TAMI STRONACH
PATRICIA HAYES
SYDNEY BROMLEY
GERALD McRANEY
KLAUS DOLDINGER y GIORGIO MORODER
MARK DAMON y JOHN HYDE
KLAUS KÄHLER
GÜNTER ROHRBACH
VL DE RICO
ROLF ZEHETBAUER
BRIAN JOHNSON
JANE SEITZ
JOST VACANO
WOLFGANG PETERSEN y HERMAN WEIGEL
BERND EICHINGER y DIETER GEISSLER
WOLFGANG PETERSEN

LA HISTORIA INTERMINABLE

SINOPSIS

Bastian es un niño tímido, de unos 10 años, objeto habitual de las burlas de sus compañeros de clase. Cierto día, en la oscura tienda de un extraño librero, es seducido por la cubierta de un misterioso libro que llama poderosamente su atención.

Escondido en el desván de su colegio, Bastian devora durante las horas de clase el enigmático libro —La Historia Interminable— que relata la paulatina destrucción del Reino de Fantasía: Una especie de «Nada» misteriosa está destruyendo todo el país. Las disparatadas y extrañas criaturas de Fantasía, que huyen despavoridas, acuden a pedir ayuda a la Emperatriz Infantil. Reina de Fantasía y la única capaz de salvarla. Pero la Emperatriz Infantil está gravemente enferma, presa de una enfermedad desconocida, ligada según todos los indicios a la Nada que amenaza Fantasía.

Atreyu, un jovencísimo guerrero, de la edad de Bastian, es enviado en busca del remedio de la Emperatriz y a combatir la Nada. Atreyu comienza entonces una serie interminable de aventuras maravillosas, llenas de peligros y extrañas criaturas, a lomos de su caballo Artax o de unm gran dragón blanco de la suerte, siempre perseguido por Gmork, la fezo criatura de la oscuridad.

CONSIDERACIONES

Una de las obras literarias más difundidas en los últimos tiempos es la novela de Michael Ende, titulada «La historia interminable», que en España lleva ya catorce ediciones. La película que comentamos es una adaptación cinematográfica de la misma, si bien su argumento no la sigue exactamente, por lo que, al parecer, ha protestado el citado novelista.

La realidad es que esta desviación de la película con respecto a la obra literaria en la que se basa no disminuye su calidad, por cuanto que nos ofrece una historia coherente que presenta, eso sí, una vigorosa fantasía narrativa. «La historia interminable» es el primer intento por parte de la cinematografía europea —alemana en concreto— de realizar una película de carácter fantástico, al estilo de las producidas en USA por directores como Lucas o Spielberg, y el resultado no puede ser más satisfactorio. En efecto, los efectos especiales están bien logrados y el director Petersen, que ya demostró sus extraordinarias cualidades al realizar «El submarino», ha logrado un largometraje de alucinante y desbordada imaginación, que ha tenido en todos los países en los que se ha estranado un gran éxito comercial, siendo destacable el caso de Alemania, donde la taquilla obtenida por «La historia interminable» es similar a la lograda por «E.T.»

FICHA TECNICA	
Título original	The never ending story
Año	1984
Director	Wolfgang Petersen
Guión	Wolfgang Petersen y Herman Weigel
Fotografía	Jost Vacano Buk
Música	Klaus Doldinger y Giorgio Moroder
Duración	89 minutos Color

FICHA ARTISTICA	
Noah Hathaway	Atreyu
Barret Oliver	Bastian
Tami Stronach	Emperatriz
Patricia Hayes	Urgl
Sydney Bromley	Engywook
Moses Gunn	Cairon
Thomas Hill	Koreander

Una película asombrosa,
con increíbles efectos especiales
EL
HOMBRE
INVISIBLE
(THE INVISIBLE MAN)
DIRECTOR: JAMES WHALE

EL HOMBRE INVISIBLE

SINOPSIS

Un científico va demasiado lejos con uno de sus experimentos y prueba sobre sí mismo un producto que le proporciona la invisibilidad. Enloquecido por su descubrimiento y probando las consecuencias del mismo, acaba por convertirse en una amenaza para la sociedad y será cazado como un peligroso criminal.

CONSIDERACIONES

H.G. Wells es uno de los autores de ciencia ficción más aprovechados por el cine. Además de «La guerra de los mundos», cuenta con varios traslados de sus relatos «La isla del Dr. Moreau» y «El alimento de los dioses» a la pantalla grande. «El hombre invisible» es, sin embargo, su aportación más duradera, quizá por los elementos de terror, drama y comedia satírica que contiene. Cuenta además con un personaje inolvidable que ha dado lugar a toda una saga de películas e incluso a una serie de televisión producida en los años setenta. De todas ellas, los críticos y el público coinciden en señalar como la mejor versión la dirigida por James Whale en 1933 con Claude Rains como principal protagonista. Whale tuvo la oportunidad de conocer al autor del libro en Inglaterra, y era un admirador de su obra literaria, que en muchos casos supera en prospectiva analítica al futurismo exhibido por Julio Verne.

Complejos trucos de dobles exposiciones, combinaciones de positivos y un cuarto y un actor completamente forrados de terciopelo negro, hicieron posible el primer efecto logrado de invisibilidad en la pantalla. En principio el productor de la película, Carl Laemmle, propuso a Boris Karloff, al que Whale acababa de dirigir en «Frankenstein» y «El caserón de las sombras», como protagonista, pero el realizador prefirió contar con su amigo Claude Rains. Fiel al relato literario original, la película se rodó en el más absoluto secreto en cuanto al sistema para realizar los efectos especiales de invisibilidad. Recientemente Chevy Chase ha protagonizado junto a Daryl Hannah una nueva versión de la obra de Wells dirigida por John Carpenter.

FICHA TECNICA

Título original	The Invisible Man
Año	1933
Director	James Whale
Guión	R.C. Sheriff y Philip Wylie
Fotografia	Art Edeson y John Mescall
Produccion	Carl Laemmle Jr
Duración	83 minutos
	Blanco y negro

FICHA ARTISTICA

Claude Rains	Jack Griffin
Gloria Stuart	Flora Cranley
William Harrigan	Dr. Kemp
Henry Travers	Dr. Cranley
Una O' Connor	Señora Hall
Forrester Harrey	Señor Hall

CLAUDE RAINS
LON CHANEY Jr.
EL HOMBRE LOBO
DIRECTOR: GEORGE WAGGNER

EL HOMBRE LOBO

SINOPSIS

Un joven visita una remota aldea europea donde tropieza con una leyenda sobre hombres lobos y noches de luna llena. En realidad, él no cree una palabra de ese asunto, y cuando acompaña a unas muchachas en el bosque y tropieza con un licántropo auténtico, integrante de una caravana de zíngaros, es mordido antes de matar al hombre bestia. A partir de ese momento, empieza para el protagonista una pesadilla que se repite cada noche de luna llena, cuando su cuerpo humano se rompe para transformarle en un licántropo sediento de sangre.

CONSIDERACIONES

Contando con un reparto de auténtico lujo, «El hombre lobo» se ha convertido junto con «El lobo humano» en el máximo exponente clásico del licántropo cinematográfico. La película se rodó con un presupuesto de 18.000 dólares, y su objetivo esencial era un intento por parte de la productora Universal de lanzar una nueva estrella para el cine de terror: el hijo de Lon Chaney.

En el cine los licántropos habían aparecido por primera vez en 1913 con «The Werewolf», inspirada en la mitología de los indios norteamericanos, seguida del «Hombre lobo», con John Gilbert como protagonista y rodada en 1924. La idea para el maquillaje del hombre lobo partió del planteamiento original de Henry Hull, protagonista de «El lobo humano», y llevó al creador final del maquillaje, Jack Pierce, a documentarse durante más de cinco años sobre licantropía. Pierce fue también el autor de los maquillajes de Frankenstein, Drácula y la Momia.

En la escena final, en la que el padre del protagonista, interpretado por Claude Rains, mataba a bastonazos al hombre lobo, el actor tuvo un ataque de exceso de celo profesional y Chaney acabó con un ojo morado.

La película se estrenó con éxito, a pesar de que sus promotores temían que fuera recibida con rechazo por parte del público, al coincidir con el ataque japonés de Pearl Harbour que marcó la entrada de Estados Unidos en la Segunda Guerra Mundial.

FICHA TECNICA	
Título original	The Wolf Man
Año	1941
Director	George Waggner
Guión	Robert Siodmak
Fotografía	Joseph Valentine
Música	Charles Previn
Duración	71 minutos Blanco y negro

FICHA ARTISTICA	
Lon Chaney Jr.	Larry Talbot
Claude Rains	Sir John Talbot
Ralph Bellamy	Capitan Paul Montford
Evelyn Ankers	Gwenn Conliffe
Bela Lugosi	Bela
Maria Ouspenskaya	Maleva

UN HOMBRE LOBO
AMERICANO
EN LONDRES
Una Producción LYCANTHROPE FILMS LIMITED
UN HOMBRE LOBO AMERICANO EN LONDRES
(AN AMERICAN WEREWOLF IN LONDON)
DAVID NAUGHTON - JENNY AGUTTER - GRIFFIN DUNNE - JOHN WOODVINE
Música de ELMER BERNSTEIN
Productores Ejecutivos PETER GUBER y JON PETERS
Productor GEORGE FOLSEY, JR.
Escrita y Dirigida por JOHN LANDIS

UN HOMBRE LOBO AMERICANO EN LONDRES

SINOPSIS

Jack Goodman y David Kessler, dos jóvenes norteamericanos que pasan sus vacaciones en el norte de Inglaterra, se refugian de la lluvia en un pequeño albergue durante una noche de luna llena. Los habitantes del lugar les indican la conveniencia de no aventurarse por caminos solitarios en una noche así, pero ellos no hacen caso y, andando por una carretera solitaria, escuchan un aullido sobrenatural a través de la neblina. Seguidamente, les ataca un enorme ser, de extraño aspecto. Uno de los jóvenes queda literalmente «hecho pedazos», mientras que el otro, David, es trasladado en coma a un hospital de Londres. Allí, el espectro de su amigo muerto Jack se le aparece en sueños previniéndole que el extraño ser que les ha atacado es un hombre-lobo y que, por lo tanto, David se ha convertido también en una persona que padece esta extraña maldición.

CONSIDERACIONES

Segunda película del hoy famoso realizador, John Landis, con unos excelentes efectos especiales a cargo de Rick Baker. Por ello, este filme fue merecidamente galardonado con el primer oscar de Hollywood destinado al mejor maquillaje. Desde luego, las escenas relativas a la transformación del joven David en un hombre-lobo son auténticamente sobrecogedoras, por lo que, si bien por su título y por las características de su director pudiera, en principio, parecer un filme de humor, no lo es en absoluto, encuadrándose claramente en el ámbito del cine terrorífico.

FICHA TECNICA

Título original	An American were wolf in London
Año	1981
Director	John Landis
Guión	John Landis
Fotografía	Robert Paynter
Música	Elmer Bernstein
Duración	103 minutos
	Color

FICHA ARTISTICA

David Naughton	David
Jenny Agutter	Alex
Griffin Dunne	Jack
John Woodvine	Doctor Hirsh
Frank Oz	Collins
Don McKillop	Inspector Villiers
Joe Belcher	El camionero

FREDRIC MARCH
EL HOMBRE Y
EL MONSTRUO
DIRECTOR : Rouben Mamoulian

EL HOMBRE Y EL MONSTRUO

SINOPSIS

El doctor Henry Jeckyll investiga un suero químico con el que aspira a separar el bien y el mal en el alma humana. Su experimento le obsesiona hasta el punto de ser él mismo la primera víctima del suero cuando se decide a probarlo en humanos. Una vez ingerido el suero, la parte negativa de su ser se aparece con singular crueldad y un claro instinto criminal, pugnando en todo momento por superar a la parte positiva.

CONSIDERACIONES

Considerada con todo merecimiento como una de las mejores versiones cinematográficas entre las muchas que han intentado adaptar la novela de Robert Louis Stevenson, esta película le proporcionó a su protagonista la posibilidad de ser el único actor que ha conseguido un Oscar interpretando un largometraje de terror. También recibió este largometraje nominaciones a la mejor fotografía y el mejor guión adaptado.

La escena de la transformación de Jeckyll en Hyde se rodó en un solo plano y sin ningún tipo de trucaje visual. El director se negó a explicar posteriormente cómo lo había conseguido, pero se ha mencionado la posibilidad de que Fredric March fuera maquillado con varios colores fosforescentes que se modifican cambiando el filtro de la cámara.

Curiosamente, el guión escrito para esta película fue también la base esencial de la siguiente versión sobre el tema, dirigida por Victor Fleming y protagonizada por Spencer Tracy, Ingrid Bergman y Lana Turner.

En principio, la Paramount se negaba a que March interpretase el papel protagonista porque en opinión de los ejecutivos del estudio podía dañar definitivamente su imagen de galán en las comedias ligeras producidas por esta compañía.

FICHA TECNICA

Título original .... Dr. Jeckyll and Mr. Hyde
Año 1932
Director .... Rouben Mamoulian
Guión .... Samuel Hoffsenstein y Percy Heath
Fotografía .. Karl Struss y Hans Dreier
Duración .... 90 minutos
Blanco y negro

FICHA ARTISTICA

Fredric March .... Dr Jeckyll /Mr. Hyde
Miriam Hopkins .... Ivy Peterson
Rose Hobart .... Muriel Carew

DUSTIN HOFFMAN
ROBIN WILLIAMS
JULIA ROBERTS
BOB HOSKINS
HOOK
UN FILM DE STEVEN SPIELBERG
(EL CAPITAN GARFIO)

HOOK, EL CAPITAN GARFIO

SINOPSIS

Peter Banning es un abogado cuarentón que tiene en su vida todo lo que desea: una buena esposa, unos hijos maravillosos y suerte en el mundo de los negocios. Sin embargo, ha olvidado el niño que lleva dentro de sí mismo. Cuando sus hijos son raptados por su peor enemigo deberá regresar al país de Nuncajamás para recuperar su infancia y volver a ser quien fue: Peter Pan.

CONSIDERACIONES

Spielberg ha reunido un reparto de auténtico lujo para un proyecto que tenía desde hace siete años. Su idea era hacer una versión de la película de Walt Disney, pero con personajes reales y haciendo la historia más fiel a la obra de Barrie. Con un magnífico Dustin Hoffman en el temible pirata del garfio, un efectivo Robin Williams en ese moderno Peter Pan adulto, y una grácil Julia Roberts en la traviesa Campanilla, «Hook» es un magnífico cuento de hadas realizado con gran sensibilidad y espectacularidad por Spielberg.

Peter Pan es uno de los personajes más curiosos y simpáticos de la literatura infantil, ya que se trata de un niño que no quiere crecer, que quiere vivir siempre las aventuras infantiles y que vive en el País de Nunca Jamás.

Inmortalizado por Walt Disney en 1954 en una memorable películas de dibujos animados, «Peter Pan» ya tuvo en 1924 una versión con personajes de carne y hueso, y ahora Spielberg, con la ayuda de todos los medios cinematográficos a su alcance y una gran dosis de imaginación, ha realizado un film memorable. El popular personaje es ahora un *yuppie* adulto que regresa a su aventurera infancia cuando, desde el fantasioso País de Nunca Jamás, aparece el pérfido Capitán Garfio y secuestra a sus hijos. «Hook» tuvo cinco nominaciones a los Oscars de Hollywood, aunque no logró ninguna estatuilla.

FICHA TECNICA

Título original .... Hook
Año 1991
Director .... Steven Spielberg
Guión .... Jim V. Hart y Malia Scotch Marmo
Fotografía .... Dean Cundey
Música .... John Williams
Duración .... 140 minutos
Color

FICHA ARTISTICA

Dustin Hoffman .... Hook, el capitan Garfio
Robin Williams .... Peter Banning/ Peter Pan
Julia Roberts .... Campanilla
Bob Hoskins .... Smee/Mouche
Maggie Smith .... Wendy/Angela
Phil Collins .... Inspector Good
Laurel Cronin .... Liza

PAINTING BY
JAMES MONTGOMERY FLAGG
RONALD
COLMAN
JANE WYATT
EN
HORIZONTES PERDIDOS
DIRECTOR: FRANK CAPRA

HORIZONTES PERDIDOS

SINOPSIS

Un grupo de ingleses y norteamericanos está a punto de quedar aislado en China. Para escapar de la guerra toman uno de los últimos aviones que sale del país, pero la mala suerte hace que el aparato tenga problemas y sufra un secuestro que les lleva hasta el Tibet. Entre el pasaje del aparato viaja también el cónsul británico, Robert Conway, que junto con sus compañeros va a vivir una aventura inolvidable. Un reino mágico y desconocido espera a los viajeros: Shangri-La. Sin embargo, el grupo de occidentales no tarda en descubrir que el paraíso puede convertirse también en una cárcel.

CONSIDERACIONES

«Horizontes perdidos» es uno de los títulos más completos y carismáticos del cine de aventuras en su vertiente fantástica. Dirigido por un realizador que frecuentaba sobre todo la comedia y el drama, Frank Capra, adquirió el carácter testimonial y de reflexión impreso en toda su filmografía. La idea de la prolongación de la vida y la eterna juventud que sobrevuela el drama de un grupo occidental enfrentado a un maravilloso paraíso de Oriente, tiene una clara vocación de mensaje expresado a través de las actitudes de los protagonistas.

«Horizontes perdidos» consiguió los Oscars destinados a premiar el mejor montaje y la mejor decoración, y fue nominada también como mejor película.

Años después, el poder de convocatoria de la historia se puso nuevamente a prueba con la creación de un musical para Broadway y el consiguiente traslado a la pantalla grande en 1972 con Peter Finch, Sally Kellerman, Liv Ullman, George Kennedy y Michael York como principales protagonistas.

FICHA TECNICA	
Título original	Lost Horizon
Año	1937
Director	Frank Capra
Guión	Robert Riskin
Fotografía	Joseph Walker
Música	Dimitri Tiomkin
Duración	130 minutos
	Blanco y negro

FICHA ARTISTICA	
Ronald Colman	Robert Conway
Jane Wyatt	Sandra
John Howard	Georgo Conway
Margo	Maria
Thomas Mitchell	Henry Barnard
Isabel Jewell	Gloria Stone

LA GUERRA DE LAS GALAXIAS
EL
IMPERIO
CONTRAATACA
Con
MARK HAMILL · HARRISON FORD · CARRIE FISHER
BILLY DEE WILLIAMS · ANTHONY DANIELS
como C3 PO
y con DAVID PROWSE • KENNY BAKER • PETER MAYHEW • FRANK OZ
Dirigida por IRVIN KERSHNER
Producida por GARY KURTZ
Guión escrito por LEIGH BRACKETT y LAWRENCE KASDAN
Basado en la historia de GEORGE LUCAS
Productor Ejecutivo GEORGE LUCAS
Música de JOHN WILLIAMS

EL IMPERIO CONTRAATACA

SINOPSIS

Se narra cómo el dictatorial emperador localiza y ataca a los rebeldes de «La Alianza» en el planeta de hielo en el que se habían refugiado tras destruir a la temible estación de guerra «La Estrella de la Muerte».

Al sufrir el ataque de las tropas imperiales, los rebeldes se ven obligados a huir a diferentes planetas, viajando Luke Skywalker al que habita Yoda, un entrenador de «jedis». Han Solo se refugia en un planeta dedicado al juego, en el que es apresado por el malvado Darth Vader, quien confiesa ser el padre del citado Luke Skywalker.

CONSIDERACIONES

Ganadora de dos óscars, correspondientes a los mejores efectos visuales y al mejor sonido, esta película es la continuación de «La guerra de las galaxias», y, por tanto, el segundo filme de la llamada «trilogía galáctica», compuesta por los dos largometrajes reseñados y el titulado «El retorno del Jedi».

«El Imperio contrataca» fue la película más taquillera de 1980 y ocupa actualmente el sexto puesto de la relación de filmes que han obtenido un mayor volumen de ingresos en toda la historia del cine.

Al igual que ocurre con «La guerra de las galaxias» y «El retorno del Jedi», este largometraje representa la madurez de la ciencia-ficción cinematográfica pues, aunque el argumento tiene indiscutibles rasgos infantiles, su desarrollo cinematográfico es excelente, irradiando continuas muestras de ingenio, necesarias para llevar a la pantalla escenas de enorme imaginación.

FICHA TECNICA

Título original	The Empire strikes back
Año	1980
Director	Irvin Kershner
Guión	Leigh Brackett y Lawrence Kasdan
Fotografía	Peter Suschitzky
Música	John Williams
Duración	120 minutos
	Color

FICHA ARTISTICA

Mark Hamill	Luke Skywalker
Harrison Ford	Han Solo
Carrie Fisher	Princesa Leia
Billy Dee Williams	Lando Calrissian
David Prowse	Darth Vader
Anthony Daniels	C-3 PO
Peter Mayhew	Chewbacca
Alec Guinness	Ben Kenobi

INCREÍBLE
HOMBRE MENGUANTE
(THE INCREDIBLE SHRINKING MAN)
GRANT WILLIAMS
RANDY STUART
DIRECTOR:JACK ARNOLD

EL INCREIBLE HOMBRE MENGUANTE

SINOPSIS

Tras atravesar una extraña niebla mientras se encontraba a bordo de un barco, Scott Carey empieza a sentir el curioso fenómeno de que su talla disminuye día a día. Las consultas a los más prestigiosos médicos y científicos no solucionan el problema, y a pesar de que Scott es cuidado por su mujer, la situación se hace cada vez más arriesgada para este hombre menguante. Reducido a una minúscula talla que le obliga a habitar una casa de muñecas, es atacado por el gato y tiene que refugiarse en el sótano, donde le esperan nuevos horrores. El proceso de miniaturización se acelera y habrá de enfrentarse a una araña para él de gigantescas proporciones mientras su familia le da por perdido.

CONSIDERACIONES

La película está basada en una novela de Richard Matheson, autor básico de la ciencia ficción norteamericana que cuenta también con la adaptación cinematográfica de su novela «Soy leyenda», interpretada por Charlton Heston en el largometraje que aquí conocemos como «El último hombre vivo». Además Matheson elaboró varios guiones para la serie de televisión «Star Trek», y fue también el guionista de «El increíble hombre menguante». Sin embargo, protagonizó un duro enfrentamiento con la productora por la introducción de la palabra Dios en el desenlace de la película, alusión de corte religioso que no agradó al artífice de la historia, que había vendido los derechos de adaptación de la novela con la condición de escribir el guión para la película.

Catorce decorados de distinto tamaño suministraron los trucos visuales necesarios para proporcionar veracidad a la película, creando visualmente el efecto de disminución en el tamaño del protagonista.

«El increíble hombre menguante» se rodó durante cinco semanas con un presupuesto de 800.000 dólares y con el mismo productor de «Sed de mal», de Orson Welles, que intentó interferir en el desarrollo del proyecto enfrentándose al guionista y al realizador.

Además de medir con un cronómetro las escenas en las que intervenía la araña para organizar el trucaje visual y combatir las sombras que estropeaban las secuencias de ataque del gato, Arnold tuvo que utilizar 1.500 preservativos para la escena en la que las gotas de agua caen en el sótano. Un método artesanal de efectos especiales.

FICHA TECNICA	
Título original	The Incredible Shrinking Man
Año	1957
Director	Jack Arnold
Guión	Richard Matheson
Fotografia	Elis W. Carter
Musica	Joseph Gershenson
Duración	80 minutos Blanco y negro

FICHA ARTISTICA	
Grant Williams	Scott Carey
Randy Stuart	Louise
April Kent	Clarice
Paul Langton	Charley Carey

LOS INMORTALES
THORN EMI SCREEN ENTERTAINMENT Presents A DAVIS/PANZER Production A RUSSELL MULCAHY Film HIGHLANDER
Starring CHRISTOPHER LAMBERT ROXANNE HART CLANCY BROWN and SEAN CONNERY
Songs and Additional Music by QUEEN Music Score by MICHAEL KAMEN Executive Producer E.C. MONELL Story by GREGORY WIDEN Screenplay by GREGORY WIDEN and PETCN DCLLWOOD & LARRY FERGUSON
Produced by PETER S. DAVIS and WILLIAM N. PANZER Directed by RUSSELL MULCAHY
SOUNDTRACK AVAILABLE ON EMI RECORDS & TAPES
DISTRIBUTED BY THORN EMI SCREEN ENTERTAINMENT

LOS INMORTALES

SINOPSIS

Hace 450 años Mc Leod, que ahora vive en Escocia, fue herido en combate por el guerrero Kurgan. Cura milagrosamente y busca refugio en una herrería, casándose con Heather, la hija del granjero. Ve a su esposa ir envejeciendo mientras él sigue igual de joven y es un español, Juan Sánchez, de la corte de Felipe II, el que le dice que tanto él, como Mc Leod, como Kurgan, pertenecen a una especie poco común: «Los Inmortales», unos seres elegidos para destruirse unos a otros y que mueren solamente cortándoles la cabeza. Sólo uno de entre ellos logrará sobrevivir, imponiendo luego su poder sobre el mundo. Los años pasan y pasan y en 1986 llega la gran fecha. Kurgan asalta New York y va matando inmortales, quedando ya solamente Mc Leod. La policía busca afanosamente y Brenda, una joven experta en armas, investiga a su vez. Y una espada samurai la lleva a un anticuario, que no es otro que Mc Leod hoy. Kurgan la rapta y así obliga a Mc Leod a salir a su encuentro.

CONSIDERACIONES

«Los Inmortales» es el segundo largometraje del realizador australiano Russell Mulcahy, quien después de rodar numerosos «videoclips» para famosos cantantes, como Rod Stewart, Duran Duran, etc., se inició en el mundo del cine con la película «Razorback, los colmillos del infierno».

Con un excelente reparto de actores, este filme supone, pues, su lanzamiento internacional, cimentando, por otra parte, la popularidad de Christopher Lambert, quien se dio a conocer en todo el mundo cuando protagonizó «Greystoke, la leyenda de Tarzán».

Desde luego, «Los Inmortales» es un excelente «tebeo cinematográfico», cuya visión hace las delicias de los aficionados a este tipo de cine. Prueba de estehecho es la realización de otros dos filmes, así como de una serie de televisión.

FICHA TECNICA

Título original	Highlander
Año	1985
Director	Russell Mulcahy
Guión	Gregory Widen
Fotografía	Gerry Fisher
Música	Queen y Michael Kamen
Duración	115 minutos
	Color

FICHA ARTISTICA

Christopher Lambert	Connor McLeod
Sean Connery	Ramirez
Roxanne Hart	Brenda
Clancy Brown	Kurgan
Alan North	Teniente Frank Moran
Beatie Edney	Heather

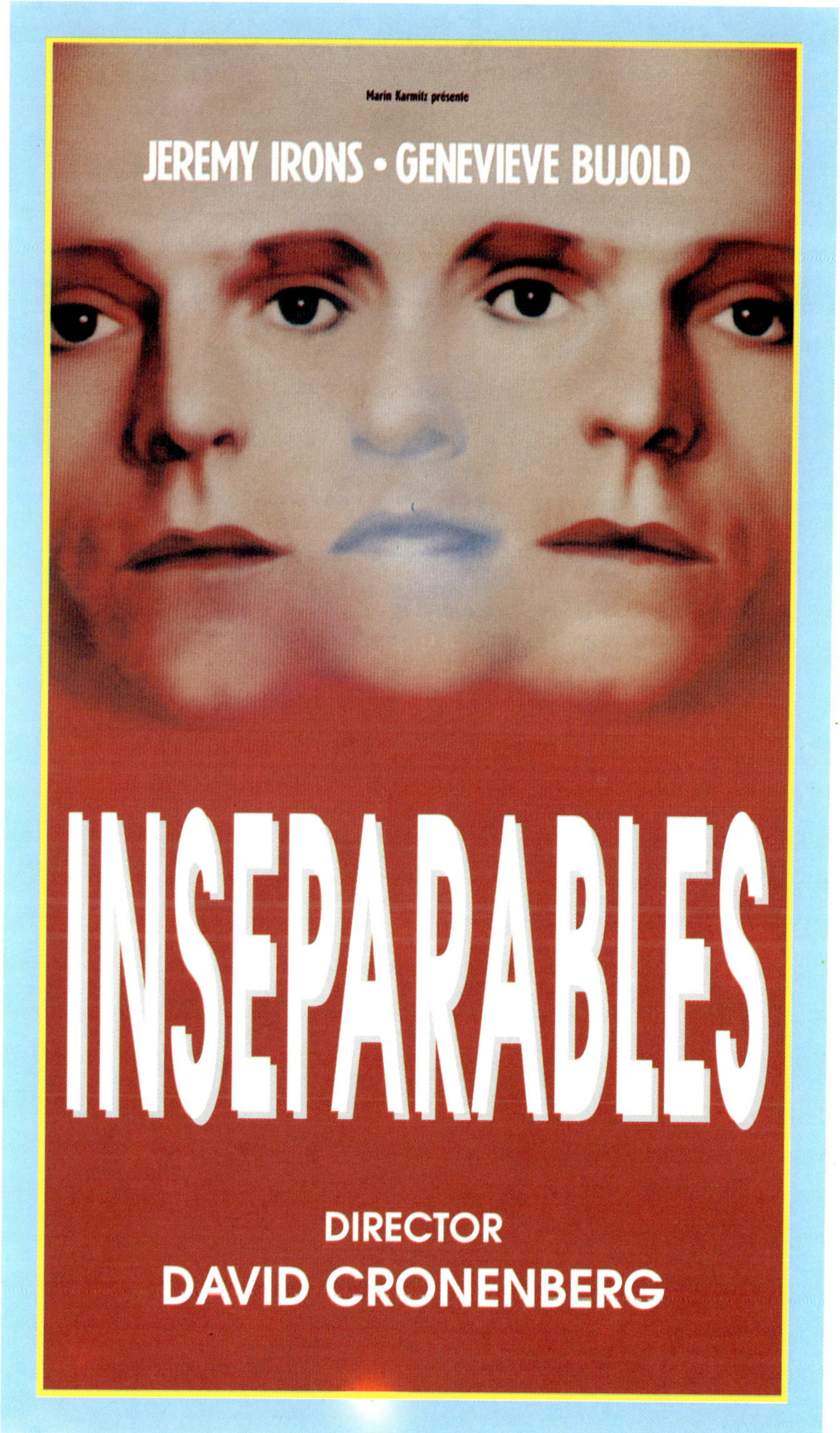
Marin Karmitz présente
JEREMY IRONS • GENEVIEVE BUJOLD
INSEPARABLES
DIRECTOR
DAVID CRONENBERG

INSEPARABLES

SINOPSIS

Dos prestigiosos ginecólogos comparten absolutamente todo en sus vidas. Su apartamento, su trabajo, su clínica, y también las mujeres. Son gemelos, inseparables. Un día esta situación cambia. Una mujer, actriz célebre, aparece en su clínica para someterse a un tratamiento contra su esterilidad. Ellos la convierten en su amante. Para uno de ellos la mujer es igual a cualquier otra. Para el otro se trata de un personaje muy especial. Por primera vez los gemelos piensan de forma distinta, se distancian, y empiezan un proceso de autodestrucción con resultados sangrientos.

CONSIDERACIONES

Auténtico pulso de suspense, «Inseparables» llegó a las pantallas españolas después del éxito de «La mosca», y cimentó el prestigio de David Cronenberg entre la crítica tras haber sido considerado como un mero fabricante de horrores gore de serie B. Película que explota los mismos ingredientes de lo extraño que aparecen en todas las producciones de este director, «Inseparables» es también la muestra de que se puede hacer cine fantástico de calidad.

La dificultad más destacada de la filmación fue la propia fabricación de los gemelos protagonistas. Tras estudiar las técnicas empleadas anteriormente, el encargado de los efectos especiales, Lee Wilson, estimó que no eran suficientemente realistas para las intenciones de la película. En lugar de emplear imágenes de «pantalla partida», en las que la imagen se separa radicalmente en dos hacia el centro y en la vertical, empleó cámaras teledirigidas por ordenador, trabajando con la memoria de movimientos filmados anteriormente y su incorporación a nuevas escenas. De ese modo, estableció un sistema ciertamente revolucionario de conseguir los gemelos en el cine que permitía mover la cámara con mayor libertad en las escenas de doblete del protagonista, Jeremy Irons, en el papel de los dos hermanos idénticos. Como resultado de ello, el público tuvo la impresión de que los personajes se movían también con mayor libertad atravesando la tradicional línea de separación vertical propia de los gemelos cinematográficos.

La película se basaba en la novela «Twins», de Bair Wood y Jack Gleasand, que a su vez se inspiraba en un suceso real. El proyecto del filme data del año 1982, e intentó producirse en 1986, pero los sucesivos desastres comerciales de las producciones de Dino De Laurentiis obligaron a esperar dos años para ver la historia en la pantalla.

«Inseparables» consiguió diez premios Genie de Canadá, el Gran Premio del Festival de Cine Fantástico de Avoriaz, y el Premio del Círculo de Críticos de Los Angeles. Su protagonista masculino obtuvo el premio al mejor actor del Círculo de Críticos de Nueva York.

FICHA TECNICA

Título original .... Dead Ringers
Año 1988
Director .... David Cronenberg
Guión .. David Cronenberg y Norman Snider
Fotografia .... Peter Suschitzky
Musica .... Howard Shore
Duración .... 116 minutos
Color

FICHA ARTISTICA

Jeremy Irons . Beverly y Elliot Mantle
Genevieve Bujold ..... Claire Niveau
Heidi Von Palleske .... Cary
Barbara Gordon .... Danuta
Stephen Lack .... Andres Wolleck
Shirley Douglas .... Laura

LA INVASION DE LOS
LADRONES DE
CUERPOS
DANA WYNTER KEVIN McCARTHY
UN FILM DE DON SIEGEL

LA INVASION DE LOS LADRONES DE CUERPOS

SINOPSIS

En la pequeña ciudad norteamericana de Santa Mira se empiezan a producir siniestros fenómenos sin explicación. Algunos habitantes se comportan de manera extraña y no son capaces de reconocer a las personas más allegadas. El misterio se incrementa cuando Miles, Teddy y Jack descruben a un curioso personaje inanimado. Poco más tarde formas de aspecto humano, réplicas perfectas de los habitantes del lugar, empiezan a salir de la tierra. Finalmente Miles descubrela clave del misterio: unas criaturas extraterrestres se apoderan del aspecto físico de sus víctimas mientras estas duermen. A partir de ese momento empieza para los protagonistas una lucha contra el sueño y una desconfianza total hacia las personas que les rodean.

CONSIDERACIONES

Rodada en 19 días, «La invasión de los ladrones de cuerpos» se ha convertido en un clásico imprescindible dentro del cine de terror y ciencia ficción. Tras su preestreno, los ejecutivos de la productora redujeron las aportaciones humorísticas que Sam Peckimpah había introducido en el guión, así como el primer final rodado, que mostraba al protagonista mirando a la cámara, o sea al espectador, y exclamando: «¡Tú eres el próximo!». Don Siegel tuvo que transigir con ambos cambios pero introdujo a Sam Peckimpah, posteriormente acertado realizador de acción con títulos clásicos como «Duelo en la alta sierra», «Grupo salvaje» o «La huida», en un pequeño papel como actor.

El remontaje impuesto por el estudio, que también contemplaba una reducción en el papel del psiquiatra protagonista, se realizó diez días después de haberse iniciado la distribución de la película, lo que mermó considerablemente su metraje.

Siempre ha estado fuera de toda duda que «La invasión de los ladrones de cuerpos» es fiel reflejo del ambiente y las actitudes que adoptó la sociedad norteamericana durante la denominada guerra fría. Su sentido de mofa frente al anticomunismo exacerbado queda aún más claro si tenemos en cuenta la identidad del autor del guión, que tras el nombre ficticio de Daniel Mainwaring ocultaba la personalidad de uno de los grandes escritores de serie negra de la época, Geoffrey Homes, incluido en la lista negra del senador Joseph McCarthy durante la Caza de Brujas.

En el apartado de la anécdota cabe destacar que el director de la película, Don Siegel, la tiene entre sus trabajos favoritos y para demostrarlo apareció a modo de homenaje hacia la historia en la segunda versión cinematográfica de la misma, titulada «La invasión de los ultracuerpos».

FICHA TECNICA

Título original .. Invasion of the Body Snatchers
Año 1956
Director .... Don Siegel
Guión ... Daniel Mainwaring (Geoffrey Homes)
Fotografía .... Ellsworth Fredericks
Música .... Carmen Dragon
Duración .... 80 minutos
Blanco y negro

FICHA ARTISTICA

Kevin McCarthy .... Miles Bennell
Dana Wynter .... Becky Driscoll
Larry Gates .... Doctor Kaufman
King Donovan .... Jack Belleck
Carolyn Jones .... Teddy Belleck
Jean Willes .... Sally

JENNIFER
JONES
JENNIE
JOSEPH
COTTEN
ETHEL
BARRYMORE
DIRECTOR: WILLIAM DIETERLE

JENNIE

SINOPSIS

Un pintor solitario pasea en invierno por Nueva York y conoce a una extraña muchacha que parece tener siempre la misma edad cada vez que viven un encuentro. Obsesionado por la muchacha, decide investigar su identidad, descubriendo que lleva muchos años muerta, aunque revive una vez más cuando se produce una tormenta similar a la que acabó con su vida.

CONSIDERACIONES

El productor David O. Selznick adquirió los derechos de «Retrato de Jennie», novela romántica con toques fantásticos de Robert Nathan publicada en 1940. Le costaron 15.000 dólares y en principio pensó en la colaboración de Shirley Temple para suministrar la diferencia de edad del personaje. Posteriormente se barajaron los nombres de Vivien Leigh y Laurence Olivier como protagonistas.

El final fue reescrito por el propio Selznick, que gastó más de 200.000 dólares en efectos especiales para añadir espectacularidad al desenlace de la trama, con tormenta incluida. La película ganaría un Oscar en ese capítulo.

FICHA TECNICA	
Título original	Portrait of Jennie
Año	1949
Director	William Dieterle
Guión	Peter Berneis, Paul Osborn
Fotografía	Joseph H. August
Música	Dimitri Tiomkin
Duración	88 minutos
	Blanco y negro

FICHA ARTISTICA	
Jennifer Jones	Jennie Appleton
Joseph Cotten	Eben Adams
Ethel Barrymore	Miss Spinney
Cecil Kellaway	Mathews
Lilian Gish	Sor María Beata

FAY WRAY
ROBERT
ARMS TRONG
BRUCE
CABOT
KING
KONG
FAY WRAY....
ROBERT ARMSTRONG
BRUCE CABOT
PDC - FILM
ODIRECTOR: MERIAN C. COOPER Y
ERNST B. SCHOEDSACK

KING KONG

SINOPSIS

El productor Carl Denham se hace llevar en el barco del capitán Engelhorn hasta la Isla de la Calavera, remoto lugar en el que aspira a filmar alguna escena exótica con Ann Darrow, su nueva estrella cinematográfica. Lo que encuentra en primer lugar es una tribu de nativos hostiles que raptan a la muchacha para llevarla hasta un altar, desde donde es capturada como trofeo por un gigantesco simio, Kong. La tripulación del barco tendrá que ocuparse de viajar a lo más profundo de una jungla habitada por dinosaurios y otra fauna gigantesca para rescatar a la muchacha y llevarla junto con el gorila a la ciudad de Nueva York, donde oficiarán como las nuevas atracciones del espectáculo de Denham. Finalmente, King Kong escapa y siembra el terror en la urbe.

CONSIDERACIONES

Dibujante y experto en efectos especiales, Willis O'Brien dibujó «King Kong» plano por plano. Anteriormente había realizado los efectos especiales de «El mundo perdido», primera adaptación de la novela de Arthur Çonan Doyle producida en 1925. Ése fue el precedente esencial a la hora de pensar en los trucajes para llevar a cabo la aventura del gorila gigante. Un cuadro en el que había pintado a un gorila de enormes proporciones atacando a unos exploradores le sirvió de inspiración a Merian C. Cooper para empezar a pensar en Kong.

El rodaje de la película ocupó más de un año y contó con un presupuesto de seiscientos mil dólares. La animación del gorila se realizó por el procedimiento de rodaje de maquetas fotograma a fotograma sobre transparencias.

Además se construyeron varias maquetas del gorila, con esqueleto de acero, articulaciones por rodamientos y el cuerpo de caucho forrado con pieles de conejo. También se fabricó una versión de cabeza con hombros, manos y piernas a tamaño natural para los primeros planos. Los rugidos del gorila se consiguieron mezclando los ruidos emitidos por tigres y leones en un zoológico.

La productora RKO decidió que la película se rodara totalmente en estudio, aprovechando decorados de películas anteriores, concretamente de «El malvado Zaroff» para las escenas de jungla, «Rey de reyes» para las gigantescas murallas del poblado nativo que se cierran para contener a Kong, y «Ave del paraíso» para las chozas.

Algunas escenas que mostraban a miembros de la tripulación del barco cayendo a un abismo en cuyo fondo les esperaban unas arañas gigantescas para devorarlos fueron suprimidas en la versión norteamericana junto a los planos en los que Kong pisotea a un niño o desnuda a la protagonista.

FICHA TECNICA

Título original	King Kong
Año	1933
Director	Merian C. Cooper y Ernest B. Shoedshack
Guión	Ruth Rose y James Creelman
Fotografía	Edward Linden, Vernon Walker, J.O. Taylor
Musica	Max Steiner
Duración	100 minutos Blanco y negro

FICHA ARTISTICA

Fay Wray	Ann Darrow
Robert Armstrong	Carl Denham
Bruce Cabot	John Driscoll
Frank Reicher	Capitán Englehorn
Sam Hardy	Cahrles Weston
Noble Johnson	Jefe nativo

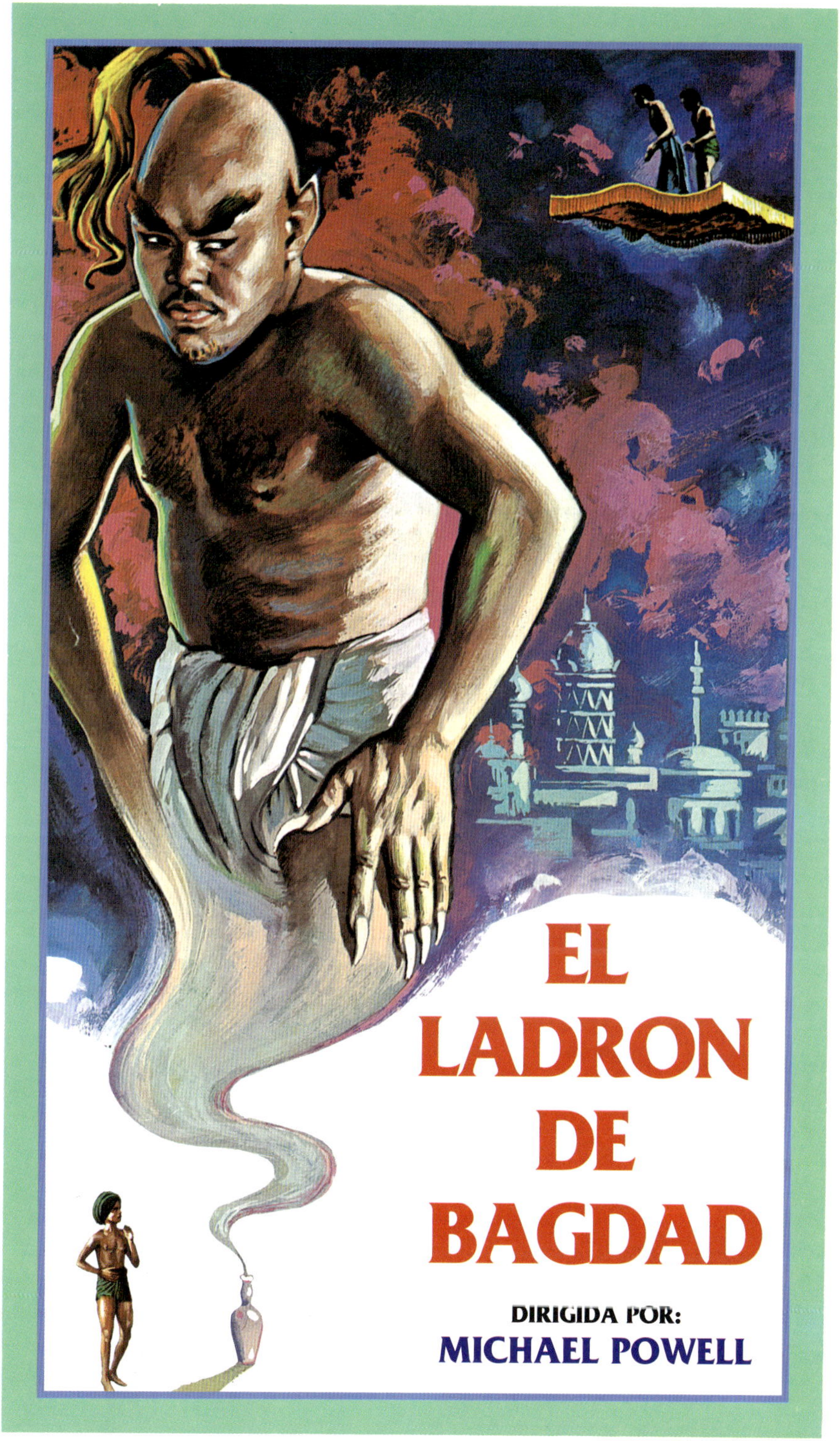
EL
LADRON
DE
BAGDAD
DIRIGIDA POR:
MICHAEL POWELL

EL LADRON DE BAGDAD

SINOPSIS

Sabu, simpático ladronzuelo de Bagdad, habiendo sido detenido, espera en la cárcel la ejecución. En la misma celda está Ahmad, legítimo Rey de Bagdad, traicionado por su malvado Gran Visir Jaffar. Con astucia Sabu roba la llave al carcelero y con su amigo escapa a la ciudad de Basra.

El Rey de Basra es un viejo Sultán, que tiene una única hija, la bella Princesa, a quien no se puede ver el rostro; y cuya desobediencia lleva consigo la pena de muerte. Ahmad y Sabu presencian un suntuoso cortejo, escoltando a la Princesa. Ahmad y la Princesa cruzan sus miradas y ambos quedan enamorados; pero el Sultán ya la ha prometido al malvado Jaffar, a cambio de un caballo volador. La Princesa, al enterarse, huye de Palacio, disfrazada de muchacho.

Ahmad y Sabu son descubiertos, y Jaffar, mediante poderes mágicos, lanza una maldición sobre ellos, dejando ciego a Ahmad y transformando en perro a Sabu. El hechizo no podrá ser roto hasta que Ahmad tenga a la maravillosa Princesa en sus brazos. Ésta, fugitiva, ha sido capturada por unos tratantes de esclavos, que la venden a Jaffar. La Princesa, en su cautiverio, en manos del malvado Jaffar, se sumerge en un profundo abatimiento, Jaffar sabe que sólo puede volver a reanimarla Ahmad. Cuando éste es llevado junto a su lecho, se reconocen mutuamente, separándose con al esperanza de estar pronto reunidos. Jaffar tiene otros planes. Seduce a la Princesa para que vaya a su barco, y Sabu, el perro, que la ha seguido, es arrojado por la borda, y a nado llega a la costa. Con el fin de que Jaffar devuelva la vista a Ahmad, la Princesa simula estar complacida con Jaffar. Sucediendo que, a la presión de la Princesa, Jaffar rompe el encanto y Ahmad recobra la vista y Sabu se torna niño de nuevo.

Siguen las más increíbles aventuras. Ahmad y Sabu deciden luchar contra Jaffar, quien finalmente fallece a manos de este último, contrayendo matrimonio Ahmad y la Princesa.

CONSIDERACIONES

Un filme mítico que, además de lograr un notable éxito comercial, consiguió ser el filme más oscarizado en 1940, al llevarse tres estatuillas relativas a los mejores efectos especiales, decoración en color y fotografía en color, siendo además nominado Miklos Rozsa por su música original. Varios directores intervinieron en esta película, además de los tres acreditados (Berger, Powell y Whelan) que, en cierta forma, es un «remake» de la del mismo título, que dirigió en 1924 Raoul Walsh, con Douglas Fairbanks en el papel estelar.

Indiscutiblemente, la presente película se debe ante todo a la ilusión del productor Sir Alexander Korda por realizarla, quien compró los derechos al citado Douglas Fairbanks, encargando a su amigo Lajos Biro que elaborase el correspondiente argumento, que fue convertido en guión cinematográfico por Miles Malleson, quien interpreta además al sultán coleccionista de maravillosos juguetes.

La presente película contiene imágenes inolvidables, como por ejemplo las relativas al blanco caballo volador o a la diosa mecánica de muchos brazos, que han hecho que la misma sea un título básico en el campo del cine fantástico.

FICHA TECNICA

Título original ... The thief of Bagdad
Año ... 1940
Director ... Ludwig Berger, Michael Powell y Tim Whelan
Guión ... Lajos Biro y Miles Malleson
Fotografía Georges Perinal y Esniond Borradaile
Música ... Miklos Rozsa
Duración ... 102 minutos
Color

FICHA ARTISTICA

Sabú ... Abu
Conrad Veidt ... Jaffar
June Duprez ... Princesa
John Justin ... Ahmad
Rex Ingram ... El Genio
Miles Malleson ... El Sultan

LADYHALCON
FORMOSA
MATTHEW BRODERICK
RUTGER HAUER / MICHELLE PFEIFFER
Un film de RICHARD DONNER «LADY HALCON» LEO McKERN JOHN WOOD
Argumento de EDWARD KHMARA Guion de EDWARD KHMARA y MICHAEL THOMAS y TOM MANKIEWICZ
Música compuesta y dirigida por ANDREW POWELL Fotografía de VITTORIO STORARO
Producido por RICHARD DONNER y LAUREN SHULER
Productor ejecutivo HARVEY BERNHARD Dirigido por RICHARD DONNER

LADY HALCON

SINOPSIS

Hace más de 700 años, en una era de hechizos y aventuras, las mazmorras de Aquila eran las más famosas del mundo.

Sólo se sabe de un hombre que haya escapado de sus profundidades... Phillipe Gaston, «Phillipe el Ratón», ocupación: ratero.

Deslizándose por un estrecho desagüe y nadando por las catacumbas, el joven ladrón emerge a la superficie más allá de las paredes de la ciudad, agradeciendo a Dios el milagro de la libertad.

Maravilloso fue para él, una figura que se cruzó en un horizone: un guerrero con armadura negra, cabalgando sobre un brioso y soberbio caballo negro; y sobre su brazo extendido, se posaba un halcón de ojos verdes y centelleantes.

Más adelante, Phillipe vio algo que le dejó estremecido: al caer el día aquella ave se convertía en una maravillosa doncella, en tanto el gentilhombre se transformaba en un feroz lobo que merodeaba para proteger a la hechizada doncella.

CONSIDERACIONES

Nominada al óscar de Hollywood correspondiente a los mejores efectos sonoros (obra de Bob Henderson y Alan Murray), éste es uno de los filmes más bellos de carácter fantástico de todos cuantos se han realizado en la historia del cine. Logró una magnífica aceptación popular, contribuyendo decisivamente a potenciar la carrera profesional de Rutger Hauer, Michelle Pfeiffer y Matthew Broderick, a pesar de que, según algunos críticos especializados, la actuación de este último parece propia de una de las películas de Woody Allen.

«Lady Halcón» es una producción Italo-Británica, rodada en el primero de estos países que proporciona a todo tipo de espectadores casi dos horas sumamente agradables. Una fotografía excelente, a cargo de Storaro, elevan aún más la calidad de este filme.

FICHA TECNICA

Título original	Lady Hawke
Año	1984
Director	Richard Donner
Fotografía	Vittorio Storaro A.I.C
Música	Andrew Powell y Alan Parsons
Duración	117 minutos Color

FICHA ARTISTICA

Michelle Pfeiffer	Isabeau
Rutger Hauer	Navarra
Matthew Broderick	Philippe
Leo McKern	Imperius
Alfred Molina	Cezar
Ken Hutchinson	Marquet
Loris Loddi	Jehan

¡UN HOMBRE QUE VALE POR CIEN!
VUELVE MAD MAX EN SU NUEVA
Y MÁS ESPECTACULAR AVENTURA
MAD MAX 2
EL GUERRERO DE LA CARRETERA
Con MEL GIBSON en una producción KENNEDY MILLER
«MAD MAX 2 EL GUERRERO DE LA CARRETERA»
Escrita por TERRY HAYES, GEORGE MILLER y BRIAN HANNANT
Música de BRIAN MAY Producida por BYRON KENNEDY
Dirigida por GEORGE MILLER

MAD MAX 2

SINOPSIS

Un guerrero con cicatrices de batalla, vestido de cuero y acero, de pie, solo, en lo alto de una colina, dice adiós a un convoy de vehículos maltrechos que comienzan a cruzar la vasta llanura. En la parte trasera de uno de estos vehículos, un muchacho de ojos expresivos saluda al guerrero hasta que éste se pierde entre nubes de humo y polvo.

El guerrero es Max, que habiendo sido policía, ahora vaga por esa tierra árida y desolada. Su historia es contada por un anciano, nuestro narrador, quien nos remonta a los últimos días del viejo mundo. En un rápido «montaje», vemos oleadas de imágenes del asalto de unas tropas en una playa del Medio Oriente; la erupción en llamas de unos pozos de petróleo; la explosión de tanques que almacenan combustible; las tuberías revientan; las refinerías arden... Y al quemarse la fuente principal de energía en el mundo, las fraguas, las fábricas y generadores de las naciones industrializadas vacilan y paran... Y mientras las ciudades se convierten rápidamente en carnavales de pillaje, las carreteras degeneran en pesadillas, escenarios donde un puñado de policías jóvenes hacen la guerra a bandas de motoristas sin ley. Uno de estos policías es Max, que conduce un coche especial.

La gasolina es ahora la única moneda que tiene valor. Quienes la tienen poseen libertad y poder, la libertad de escapar o atacar; el poder de sobrevivir... para continuar la rapiña.

CONSIDERACIONES

El éxito comercial del primer filme sobre Mad Max, dio lugar a la presente película, que contiene muchos más elementos de carácter fantástico, así como una superior dosis de violencia. No es extraño, por tanto, que la crítica de la revista «Variety», la publicación sobre cinematografía más famosa del mundo, señalara que «''Mad Max 2, el guerrero de la carretera'' es un logro técnico asombroso que supera al primer largometraje en todos los aspectos, ya que es más atrevido e infinitamente más espectacular.»

Es obvio tras lo enunciado, que el éxito comercial del presente filme, dado el éxito logrado por el primer título sobre las andanzas de Mad Max, fuera de gran magnitud, dando origen a la realización de un tercer largometraje: «Mad Max, más allá de la Cúpula de Trueno».

FICHA TECNICA

Título original	Mad Max II
Año	1982
Director	George Miller
Guión	Terry Hayes, George Miller y Brian Hannant
Fotografia	Dean Semler
Musica	Brian May
Duración	97 minutos Color

FICHA ARTISTICA

Mel Gibson	Mad Max
Bruce Spence	Guro Captain
Verson Wells	Wez
Emil Minty	El niño salvaje
Mike Preston	Pappagallo
Virginia Hey	La guerrera

The Wizard of OZ
by L. Frank Baum
EL MAGO DE OZ
con
FRANK MORGAN · RAY BOLGER · BERT LAHR · JACK HALEY
DIRECTOR VICTOR FLEMING

EL MAGO DE OZ

SINOPSIS

A principios de siglo, Dorita vive con sus familiares en una casa de campo. Está rodeada de granjeros y posee un perro pequinés que causa bastantes disgustos a una vieja vecina. La chica está harta de esta tirante situación y habla con su perro de lo estupendo que sería que todo el mundo se llevase bien.

Viene un ciclón. Dorita desaparece y empieza la fantasía. Todo vuela por los aires: vecinos, casas, enseres, etc.

La casa de Dorita ha caido encima de la de la «bruja». Dorita quiere volver a ver a su familia y se pone a buscar al «Mago de Oz» para que solucione el sortilegio. Durante el camino, se encuentra con «El hombre de paja», que no tiene cerebro, el «Hombre de hojalata», que no tiene corazón, y el «León miedoso», que no tiene valor. La «Bruja Mala» sigue persiguiéndoles.

Después de muchas peripecias, consiguen hablar con el Mago de Oz, pero comprueban que es un farsante; no tiene la menor idea para devolverlos a la realidad; es, al fin, un «Hada Buena» la que devuelve a nuestros amigos a la vida normal.

Dorita sigue con su perro y el «Hombre de paja», el de «Hojalata» y el «León miedoso», no son otros, ahora, que sus amigos granjeros.

CONSIDERACIONES

«El Mago de Oz» alcanzó los óscars de Hollywood correspondientes a la mejor canción (Over the rainbow) y mejor música original, siendo además nominada para los relativos a la mejor película.

Desde luego, dejando a un lado los filmes de Disney, este título es, posiblemente, el mayor clásico infantil de la historia del cine.

«El Mago de Oz» es un brillante ejemplo de lo que pudiera llamarse «musical integrado», género en el que la MGM haría luego escuela con una larga serie de obras maestras.

Significativamente, «El Mago de Oz» no es una obra personal, sino colectiva. Víctor Fleming tuvo que abandonar su filmación para hacerse cargo de «Lo que el viento se llevó» (1939) y, en la película intervinieron diez guionistas, cuatro directores y un número incontable de técnicos y artesanos. Es, por tanto, el resultado feliz de un sistema industrial, que ya no existe, del que la MGM —que en la época tenía bajo contrato a la «crema» de la profesión— fue el exponente por excelencia. En otras palabras: «El Mago de Oz» es un pequeño monumento al genio colectivo de los profesionales de Hollywood.

«El Mago de Oz» se estrenó el 17 de agosto en el Loew's Capitol Theatre de Nueva York; se calcula que 37.000 personas la vieron el primer día de proyección. Desde entonces, nuevas generaciones de espectadores han visto este filme, que es, indiscutiblemente, uno de los más importantes de toda la historia del cine.

FICHA TECNICA

Título original	The Wizard of Oz
Año	1939
Director	Víctor Fleming
Guión	Noel Langley, Florence Ryerson y Edgar Allan Woolf
Fotografía	Harold Rosson A.S.C.
Música	Harold Arlen
Duración	100 minutos Blanco y negro y color

FICHA ARTISTICA

Judy Garland	Dorita
Frank Morgan	Profesor Maravillas
Ray Bolger	"Hunk", el espantapajaros
Bert Lahr	Leoncio
Jack Haley	El leon/Hickory
Clara Blandick	Em

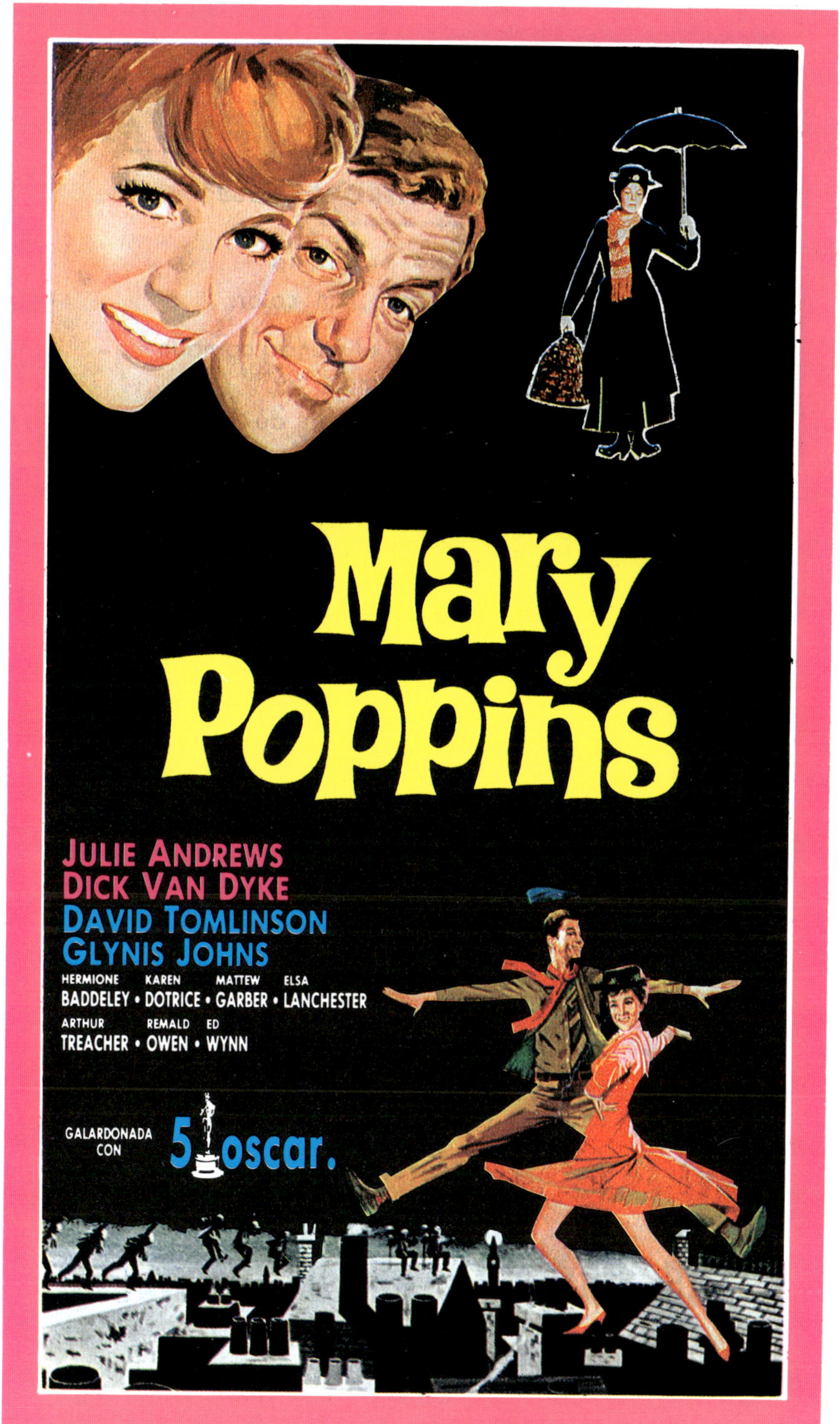
Mary Poppins
JULIE ANDREWS
DICK VAN DYKE
DAVID TOMLINSON
GLYNIS JOHNS
HERMIONE BADDELEY • KAREN DOTRICE • MATTEW GARBER • ELSA LANCHESTER
ARTHUR TREACHER • REMALD OWEN • ED WYNN
GALARDONADA CON 5 oscar.

MARY POPPINS

SINOPSIS

El argumento de «Mary Poppins» está basado en las historias de P.L. Travers, acerca de una institutriz que vuela y que, según sus propias palabras, es «prácticamente perfecta en todos los sentidos». Así, se cuenta en este filme cómo dicho personaje llega a Londres volando con su paraguas para hacerse cargo de la educación de dos niños, cuyo padre (directivo de un banco) está obsesionado por su trabajo y en alguna forma dominado por el principio de las instituciones financieras, consistente en otorgar al dinero una importancia primordial.

Esta singular institutriz disfruta de múltiples aventuras junto con los dos mencionados niños y con la compañía de un simpático deshollinador de chimeneas (Dick Van Dyke), logrando cambiar la rígida y excesivamente materialista mentalidad del mencionado banquero, y dejando, en definitiva, una familia plena de felicidad cuando abandona volando la casa donde ha prestado sus servicios para acudir posiblemente a otros sitios donde su labor sea igualmente necesaria.

CONSIDERACIONES

Un mítico filme que ganó cinco Oscars de Hollywood correspondientes a la mejor actriz, canción («Chim Chim Cheree»), banda sonora original, efectos visuales (obra de Peter Ellenshaw) y montaje (Cotton Warburton). Fue además nominado en los apartados relativos a la mejor película, guión adaptado, director y fotogragía en color. El hecho de que «Mary Poppins» haya sido una película nominada para el Oscar destinado al mejor filme, ya pone de manifiesto la enorme calidad de este título, que constituye un espectáculo sano y entretenido, del que todos pueden sacar alguna lección, aunque lógicamente sea el público infantil el que más goze con su visualización y especialmente con las escenas en las que se mezclan personajes y dibujos.

A todo lo dicho, hay que añadir que «Mary Poppins» fue la quinta película de mayores ingresos en taquilla de los años sesenta, y la que ha proporcionado mayores beneficios a los estudios Walt Disney, situándose en este último aspecto como «El libro de la selva», «Abismo negro», etc.

FICHA TECNICA	
Título original	Mary Poppins
Año	1965
Director	Robert Stevenson
Guión	Bill Walsh y Don Da Gradi
Fotografía	Edward Colman
Música	Richard y Robert Sherman
Duración	138 minutos Color

FICHA ARTISTICA	
Julie Andrews	Mary Poppins
Dick Van Dyke	Bert
David Tomlison	Mr. Banks
Glynis Johns	Señora Banks
Ed Wynn	Tio Albert
Hermione Daddeley	Ellen

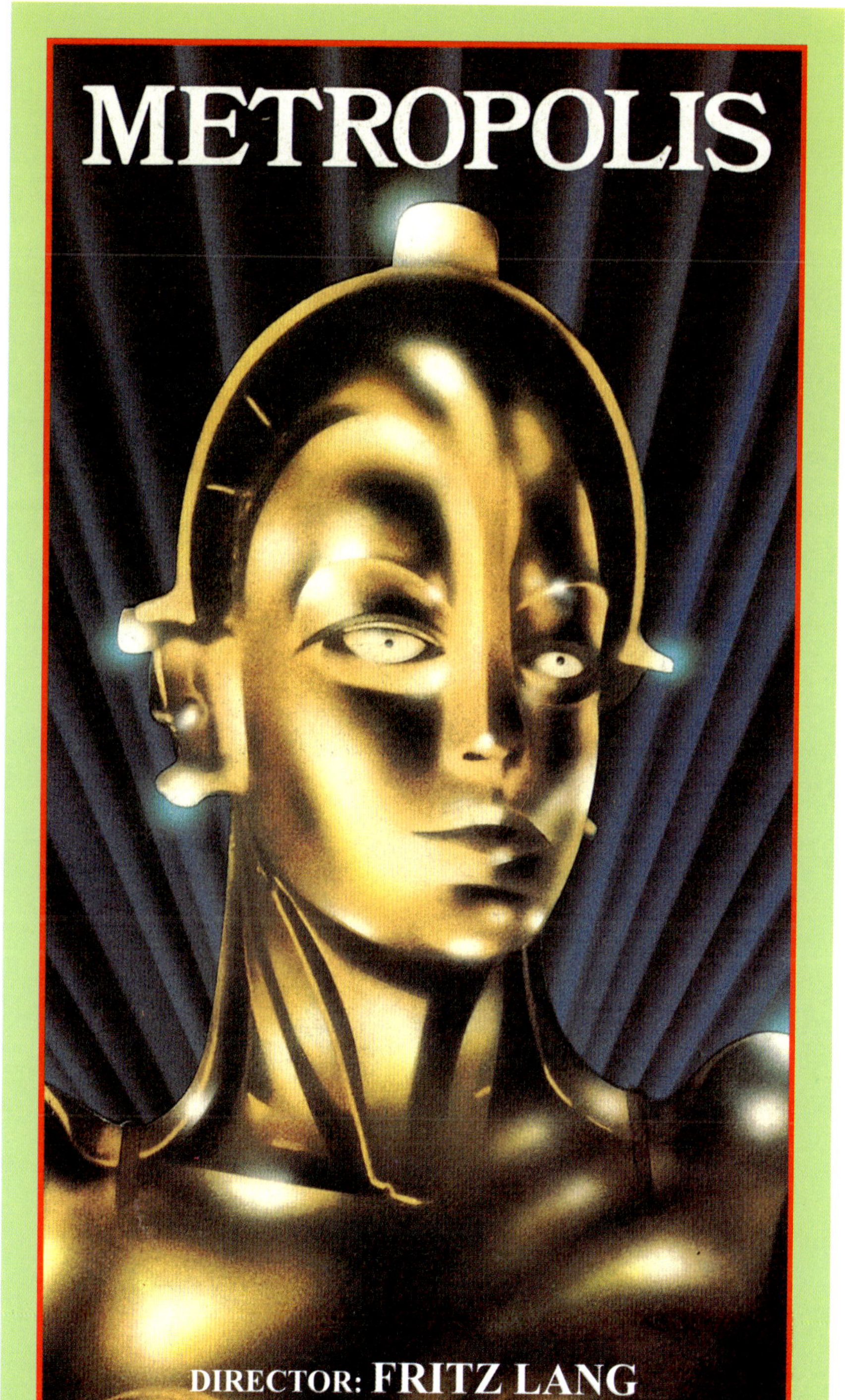
METROPOLIS
DIRECTOR: FRITZ LANG

METROPOLIS

SINOPSIS

Estamos en el siglo XXI. El dictador Fredersen domina una megalópolis con puño de hierro. La clase elegida vive una vida de lujo y placeres disfrutando todas las ventajas del futuro mientras una clase social de esclavos trabaja en el subsuelo para mantener a sus amos. Sin embargo, el amor del hijo del dictador por María, una muchacha del subsuelo, va a cambiar esa situación drásticamente, llevando a esta distopía al desastre. Fredersen ordena que María sea el modelo para un autómata femenino creado con el fin de sembrar la discordia entre los operarios esclavos.

CONSIDERACIONES

«Metrópolis» nació, según afirma su director, durante un viaje a Nueva York para asistir al estreno norteamericano de «Los nibelungos» que le llevó a preguntarse cuál sería el aspecto de esa gigantesca urbe en el futuro. Como todas las producciones de la primera etapa alemana del realizador, contiene un cierto aire premonitorio del caos que iba a envolver a Europa en los años inmediatamente posteriores.

Rodada en 16 meses, «Metrópolis» fue la producción más costosa de la UFA, con siete millones de marcos de presupuesto y 37.383 personas delante y detrás de las cámaras. Fue también el motivo que obligó a la productora a contraer una deuda que no tardando mucho la obligó a fusionarse con otra firma dirigida por uno de los futuros seguidores de Adolfo Hitler, que junto con Goebbels era un decidido partidario de esta película aunque abominaba de «M, el vampiro de Düsseldorf» y «El testamento del Dr. Mabuse», otras dos producciones dirigidas por Fritz Lang. La llegada del nazismo al poder llevaría al realizador a exiliarse de su país mientras su esposa, Thea Von Harbou, guionista de «Metrópolis», permaneció en Alemania como colaboradora de Hitler.

El rodaje duró 310 días y 60 noches, y se impresionaron más de 600.000 metros de película que quedaron reducidos a 4.189 en el montaje final. «Metrópolis» cuenta con 750 personajes secundarios, más de 30.000 extras y 50 automóviles de diseño futurista.

FICHA TECNICA

Título original .... Metropolis
Año 1926
Director .... Fritz Lang
Guión .. Thea Von Harbou y Fritz Lang
Fotografia .... Karl Freund
Musica .... Giorgio Moroder en la versión más reciente
Duración .. 85 minutos ó 105minutos, dependiendo de la copia
Blanco y negro. Muda.

FICHA ARTISTICA

Afred Abel .... Fredersen
Gustav Frolich .... Freder
Rudolf Klein-Rogge .... Rotwang
Brigitte Helm .... María/robot
Fritz Rasp .... Sim
Theodor Loos .... Josaphat/Joseph

1997...
RESCATE
EN NUEVA YORK
Un film de JOHN CARPENTER
KURT RUSSELL
LEE VAN CLEEF
ERNEST BORGNINE
DONALD PLEASENCE
ISAAC HAYES

1997, RESCATE EN NUEVA YORK

SINOPSIS

La acción de este filme trancurre en el año 1997 en la ciudad de Nueva York. En esta fecha nos encontramos ante un Manhattan rodeado por una gruesa muralla; el popular barrio ha sido transformado en la prisión de mayor seguridad de los Estados Unidos y alberga a millones de delincuentes y malhechores. Es entonces cuando el avión que transporta al presidente de Norteamérica se estrella en la famosa isla siendo tomado como rehén por sus habitantes, quienes exigen a cambio de su libertad la de su líder. Para poner fin a esta situación las autoridades echarán mano del siniestro criminal Snakc Plisken (Kurt Russell), que llega a un acuerdo con «Cerebro» (Harry Dean Stanton), su novia Maggie (Adrienne Barbeau) y el agresivo policía Cabbie (Ernest Borgnine) antes de enfrentarse con el terrible «Duque» de Nueva York (interpretado soberbiamente por Isaac Hayes).

CONSIDERACIONES

El amante del buen cine, y especialmente si le gusta el género de acción, se sentirá muy satisfecho con esta película, cuyo presupuesto rebasó los 7 millones de dólares, lo que representa el film más costoso de John Carpenter hasta ese momento. Tras el éxito en «La noche de Halloween» y «La Niebla», Carpenter escribió en unión de Nick Castle el guión de esta película de aventuras que tiene el mérito de no caer en los tradicionales tópicos de buenos y malos. En efecto, ninguno de los personajes que aparecen en este filme es puro y por el contrario todos son criminales en mayor o menor grado, incluyendo al propio presidente y a Bob Hauk (Lee Van Cleef) que dirige las operaciones de rescate. Es esta peculiar visión de la moralidad, lo que hace que el protagonista se decida a brindar un servicio a su país aunque luego un tribunal le sentencia a varios años de prisión.

En «1997, rescate en Nueva York», técnicamente se han cuidado hasta los últimos detalles, hasta el extremo de que los efectos especiales se han realizado en los estudios de la New World en Venecia para obtener una mayor calidad, a los que hay que añadir por su brillantez la fotografía de Dean Cundey que con sus contrastes oscuros da mayor impacto a la trama.

FICHA TECNICA

Título original	Escape from New York
Año	1981
Director	John Carpenter
Guión	John Carpenter y Nick Castle
Fotografía	Dean Cundey
Música	John Carpenter
Duración	102 minutos
	Color

FICHA ARTISTICA

Kart Russell	Snake Plissken
Lee Van Cleef	Bob Hank
Ernest Borgnine	Cabbie
Donald Pleasence	El presidente
Isaac Hayes	Duke
Harry Dean Stanton	Brain Hellman

LA MOMIA
DIRECTOR : KARL FREUND

LA MOMIA

SINOPSIS

Corre el año 1921. En las ruinas de la ciudad de Tebas, Sir Joseph Whempley y el profesor Muller descubren la momia de Im-Ho-Tep, gran sacerdote condenado hace 3.700 años por haber querido resucitar a una sacerdotisa de la que estaba enamorado, cometiendo el sacrilegio de robar el manuscrito de Toth. Un joven arqueólogo descubre el manuscrito mágico en su tumba y lo lee en voz alta, trayendo al sacerdote de vuelta al mundo de los vivos transformado en una terrorífica momia. Diez años más tarde, un misterioso personaje aparece ante el profesor Whempley afirmando que ha descubierto la momia de una princesa egipcia.

CONSIDERACIONES

Comprobado el éxito de público de «Drácula» y «Frankenstein», la Universal dirigida por Carl Laemmle no dudó en seguir explotando el filón del terror rodando una película sobre el despertar de la momia, que contaba, como los personajes citados anteriormente, con claros antecedentes en la literatura de horror. Además, era un tema de moda desde que en 1922 se descubrió la tumba de Tut-Ank-Amon, tras lo cual circularon rumores de una maldición desatada sobre todas las personas que habían participado en ese hecho, algunas de las cuales murieron en circunstancias ciertamente curiosas.

La película se basaba en una novela popular de Nina Wilcox Puttman y Richard Schayer, pero también se dejó intervenir con influencias del relato clásico de Theophile Gautier y su «Novela de la momia» y del cuento «El Lote número 249», de Arthur Conan Doyle.

El realizador de «La momia», Karl Freund, se había iniciado en la industria como realizador de fotografía en el cine expresionista alemán, colaborando con personajes como Paul Wegener, Murnau, Fritz Lang y W. Ruttman. Se trasladó a Estados Unidos en 1930.

«La momia» consiguió convertirse en un éxito que aunaba terror y exotismo y dio lugar a una serie de cuatro secuelas producidas por la Universal a lo largo de los años cuarenta.

FICHA TECNICA

Título original	The Mummy
Año	1932
Director	Karl Freund
Guión	John Balderston
Fotografía	Charles Stumar
Efectos especiales	Jack Pierce
Duración	63 minutos
	Blanco y negro

FICHA ARTISTICA

Boris Karloff	La momia/Im-Ho-Tep
Zita Johan	Helen Grosvenor
David Manners	Frank Whemple
Edward Van Sloan	Profesor Muller
Arthur Byron	Sir Joseph Whemple
Bramwell Fletcher	Norton

La Mosca
AL HEDISON
PATRICIA OWENS
VINCENT PRICE
HERBERT MARSHALL
DIRECTOR
KURT NEUMANN

LA MOSCA

SINOPSIS

El joven científico Andrè Delambre busca la forma de desintegrar un objeto y volver a materializarlo poco más tarde en otro lugar. Sus experimentos absorben toda la atención del científico, que sacrifica las relaciones con su mujer y su hijo para conseguir el objetivo de su investigación. Después de conseguir algunos resultados sorprendentes, el científico le sugiere a su mujer que va a aplicar su experiencia sobre los seres vivos. Hace una primera prueba con el gato de la familia, y posteriormente, dejándose llevar por el entusiasmo, decide utilizarse a sí mismo como conejillos de indias. Un grave error, porque en el momento en que se está produciendo la traslación, una mosca entra en el circuito y la mutación entre el hombre y el insecto empieza a producirse. Cuando Delambre sale de su experimento ya no es un hombre: se ha convertido en monstruo.

CONSIDERACIONES

Cumpliendo con pulcritud todas las normas del género, «La mosca» es uno de los relatos básicos de esa curiosa mezcla entre terror y ciencia ficción que produjo el cine norteamericano en los años cincuenta. Una vez más se encuentra presente en el relato el miedo a la ciencia, y una vez más el científico queda presentado como una amenaza.

Su argumento se basaba en un cuento de George Langelaan que consiguió el premio al mejor relato de ciencia ficción en la revista «Play Boy». El autor del relato había ejercido como espía durante la Segunda Guerra Mundial. El guión corrió a cargo de James Clavell y en el largometraje se invirtieron 400.000 dólares. Sólo el día del estreno se consiguió recaudar 34.000 dólares, llegando posteriormente a la cifra del millón en la primera semana y a los tres millones como beneficios totales, lo que junto a «Vidas borrascosas» convirtió a «La mosca» en la película más taquillera del estudio en el año 1958.

El rodaje duró 18 días y el aspecto más complejo en el tema de los trucajes fue el maquillaje de la cabeza de mosca gigante, cuyos ojos se fabricaron inicialmente con perlas, aunque fueron desechados para crear unos ojos con formas de conchas.

El éxito de la película produjo dos secuelas, «El regreso de la mosca» en 1959 y «La maldición de la mosca» en 1965.

La escena final, en la que la cabeza humana del científico se presenta atrapada en una telaraña mientras permanece adherida al cuerpo de la mosca, tuvo que ser rodada veinte veces, ante las risas de Vincent Price y Herbert Marshall al conocer la idea.

FICHA TECNICA	
Título original	The Fly
Año	1958
Director	Kurt Neumann
Guión	James Clavell
Fotografía	Karl Struss
Música	Paul Sawtell
Duración	93 minutos
	Color

FICHA ARTISTICA	
Vincent Price	François Delambre
Al Hedison	André Delambre
Herbert Marshall	Inspector Charas
Patricia Owens	Hèléne Delambre
Katleen Freeman	La mujer gorda
Charles Herbert	El niño

LA MOSCA
UN FILM DE
DAVID CRONENBERG

LA MOSCA

SINOPSIS

Inventor de un prodigioso sistema, capaz de transportar la materia, descomponiéndola en un punto y recomponiéndola en otro, Seth Brundle, un excéntrico científico se enamora de una periodista y experimenta en su propia persona el mecanismo que ha inventado. Durante este experimento intercepta a una mosca, por lo que el protagonista se ve encuelto en un proceso de metamorfosis que comienza con la aparición de pelos en la espalda y acaba con la completa transformación de Seth en dicho insecto.

CONSIDERACIONES

«La mosca» clausuró el Festival de Cine Fantástico de Sitges. Es una nueva versión de la realizada por Kurt Newman hace casi treinta años, donde David Cronenberg, recrea la novela de George Langelaan con su atmósfera particular. En efecto, Cronenberg, director de «Inseparables», así como de otros conocidos filmes, tales como «Vinieron dentro de...», «Rabia», «La zona muerta» o «Cromosoma 3» se ratifica por los ambientes opresivos, decorados sombríos y combina irregularmente la ciencia-ficción con el terror inquietante y purulento siguiendo la moda del cine con efectos sanguíneos, aunque la película entretiene e incluso queda abierta a la posibilidad de una continuación, lo que efectivamente se produjo.

«La Mosca» ganó el óscar de Hollywood correspondiente al mejor maquillaje.

FICHA TECNICA

Título original	The fly
Año	1986
Director	David Cronenberg
Guión	Charles Edward Pogue y David Cronenberg
Fotografía	Mark Irwin
Música	Howard Shore
Duración	96 minutos
	Color

FICHA ARTISTICA

Jeff Goldblum	Seth Brundle
Geena Davis	Veronica Quaife
John Getz	Stathis
Joy Boushel	Tawny
Les Carlson	Cheevers
David Cronenberg	El ginecologo

SIMONE SIMON
KENT SMITH
TOM CONWAY
JANE RANDOLPH
JACK HOLT
LA MUJER PANTERA
DIRECTOR
JACQUES TOURNEUR

LA MUJER PANTERA

SINOPSIS

En el zoo de Nueva York una mujer admira a las panteras negras en su jaula con un aire de añoranza en el rostro. Así es como Irina Dubrovna entabla conocimiento con un joven ingeniero naval, Oliver Reed. Ese romance, que empieza casualmente, se va convirtiendo en un suspense ascendente cuando ella le confiesa a él su terror: teme descender de una raza de mujeres panteras que se transforman en bestias asesinas cuando pierden la virginidad. Poco más tarde, ambos se casan, y el horror va desvelándose hasta adquirir un carácter real.

CONSIDERACIONES

Agotada en los años cuarenta la fórmula más tradicional del cine de terror, con todos los monstruos clásicos explotados hasta la saciedad y el público reclamando nuevas sensaciones, los productores buscaron en esta historia dirigida por Jacques Tourneur una nueva forma de entender el miedo en el cine. Val Lewton, ex-novelista metido al oficio cinematográfico de guionista, fue el encargado de dar forma a una nueva criatura nacida para provocar el miedo. Lewton definió su trama como «una historia de amor, con tres escenas de terror y una sola escena violenta». Aceptado el proyecto, pudo poner en marcha una historia cuyo mayor acierto es introducir el terror en lo cotidiano.

El rodaje se inició el 28 de julio de 1942 con un presupuesto de partida de 141.695 dólares. Finalmente, consiguieron ahorrarse de esa cifra siete mil dólares. Tourneur estuvo a punto de ser despedido del proyecto por sus peleas con la protagonista.

Mark Robson, que entonces oficiaba como montador, aunque más adelante iba a ocuparse de su propia filmografía como realizador, propuso una de las ideas más impactantes y acertadas de la película: la persecución en Central Park.

El montaje final suprimió una secuencia en la que se veía una reunión de mujeres-pantera en el museo arqueológico de Nueva York.

La película se rodó durante tres semanas y estuvo a punto de no ser estrenada, y cuando finalmente llegó a la cartelera estuvo en pantalla trece semanas consecutivas —una más que «Ciudadano Kane» en el mismo cine— y recaudó más de un millón de dólares.

FICHA TECNICA	
Título original	Cat People
Año	1942
Director	Jacques Tourneur
Guión	Dewitt Bodeen
Fotografía	Nick Musuraca
Música	Roy Webb
Duración	71 minutos
	Blanco y negro

FICHA ARTISTICA	
Simone Simon	Irida Dubrovna
Kent Smith	Oliver Reed
Jane Randolph	Alice Moore
Tom Conway	Dr. Judd
Jack Holt	el comodoro
Alan Napier	Carver

RICHARD
CARLSON
JULIA
ADAMS
LA MUJER Y EL
MONSTRUO
DIRECTOR:JACK ARNOLD

LA MUJER Y EL MONSTRUO

SINOPSIS

Una expedición está a punto de descubrir, en un solitario paraje del río Amazonas, el misterio sobre una criatura prehistórica que parece haber sobrevivido al paso del tiempo. Partiendo de un rastro de huellas, los científicos descubren a un monstruo mitad hombre, mitad pez que al ser molestado por los investigadores desata su hostilidad, mientras rapta a la componente femenina de la expedición.

CONSIDERACIONES

Título mítico del cine fantástico y pieza de colección para los admiradores de Julia Adams, que dio aquí su tono más alto de atractivo y sugestión erótica, «La mujer y el monstruo» ha conseguido sobrevivir al paso del tiempo como su criatura protagonista, esencialmente merced a la simplicidad de su esquema argumental. Hasta tal punto fue un éxito en su momento, la época dorada del cine fantástico de los años cincuenta, que en 1955 su realizador rodó una continuación titulada «Revenge of the Creature», aunque se negó a repetir nuevamente y cedió la dirección en «The Creature Walk Among Us», de 1956.

El monstruo fue originado a partir de una leyenda sudamericana sobre un hombre-pez que habitaba en las orillas del Amozonas. El argumento original de la película se tituló en un primer boceto «The Sea Monster». La creación de la criatura, que se ha incorporado al grupo de monstruos míticos del cine de terror siendo objeto de toda clase de homenajes por parte de los aficionados, ocupó ocho meses y requirió una inversión próxima a los 18.000 dólares. Curiosamente, el único busto que se utilizó para modelar la parte superior del ser fue una estatua de la actriz Ann Sheridan, sobre la cual se esculpieron y modelaron los rasgos de la criatura del lago negro. La película se realizó empleando el sistema de tres dimensiones.

FICHA TECNICA

Título original	The Creature From the Black Lagoon
Año	1954
Director	Jack Arnold
Guión	Harry Essex y Arthur Ross
Fotografía	William W. Snyder
Música	Joseph Gershenson
Duración	79 minutos
	Blanco y negro

FICHA ARTISTICA

Julia Adams	Kay Lawrence
Richard Carlson	David Reed
Richard Denning	Mark
Antonio Moreno	Carl Maia
Nestor Paiva	Lucas
Whit Bissell	Edwin Thompson

PARAMOUNT FILMS PRESENTA
naves misteriosas
(SILENT RUNNING)
Bruce Dern
Cliff Potts · Ron Rifkin · Jesse Vint
DIRIGIDA POR DOUGLAS TRUMBULL
GUION DE DERIC WASHBURN Y
MIKE CIMINO Y STEVE BOCHCO
PRODUCCION: MICHAEL GRUSKOFF
DOUGLAS TRUMBULL
TECHNICOLOR®
UNA PELICULA UNIVERSAL
70

NAVES MISTERIOSAS

SINOPSIS

Un equipo de astronautas vive aislado en una nave espacial en la que se quiere preservar la riqueza forestal de la Tierra. Todo tipo de especies de la flora del planeta permanece cuidada por esta suerte de jardineros espaciales junto con un grupo de robots diseñados especialmente para la tarea. Sin embargo, no todos los componentes del equipo ven su misión con la misma opinión. Para algunos de ellos, su cargamento carece de importancia. Sólo un miembro de la tripulación está dispuesto a darlo todo por las plantas.

CONSIDERACIONES

Un marcado carácter ecologista preside el argumento de esta película que adorna su ciencia ficción con numerosos toques de suspense siguiendo la estela trazada por el «2001: una odisea del espacio», de Stanley Kubrick.

El director de la película, Douglas Trumbull, está considerado merecidamente como uno de los mejores creadores de trucos visuales para la pantalla, con numerosas contribuciones al cine fantástico desde la faceta de los efectos especiales. Entre otros muchos trabajos, fue el encargado de los efectos de «2001» y posteriormente ha participado también en la creación de los efectos para el primer vuelo de la nave Enterprise, protagonista de «Star Trek» en la pantalla grande. También dirigió un segundo largometraje basado esencialmente en un trucaje visual: «Proyecto Brainstorm».

Tras las cámaras, Trumbull demostró en «Naves misteriosas» ser un realizador competente, aunque estaba demasiado influido por la película de Kubrick, tanto en el ritmo como en el planteamiento narrativo de su largometraje.

Los coleccionistas de anécdotas encontrarán en los robots de esta película, que finalmente acaban siendo los únicos compañeros del protagonista, similitudes inspiradoras del R2D2 de «La guerra de las galaxias».

FICHA TECNICA	
Título original	Silent Running
Año	1971
Director	Douglas Trumbull
Guión	Michael Cimino, Steve Bocho, Deric Washburn
Fotografía	Charles F. Wheeler
Música	Peter Schickele
Duración	90 minutos Color

FICHA ARTISTICA	
Bruce Dern	Lowell
Cliff Potts	Wolf
Ron Rifkin	Barker
Jesse Vint	Keenan

Hay muchas razones
para temerle a la oscuridad.
NOCHE DE MIEDO
Si le gusta sentir terror,
esta será una noche sensacional.
CHRIS SARANDON WILLIAM RAGSDALE AMANDA BEARSE
STEPHEN GEOFFREYS y RODDY McDOWALL
EFECTOS ESPECIALES VISUALES DE RICHARD EDLUND, A.S.C. MÚSICA DE BRAD FIELD PRODUCIDA POR HERB JAFFE
ESCRITA Y DIRIGIDA POR TOM HOLLAND

NOCHE DE MIEDO

SINOPSIS

Charley es un joven que vive con su madre y tiene una novia-amante, Amy, que le visita en casa y se acuesta con él pero sin dejar de ser virgen. Charlie tiene la obsesión de que en la casa de al lado ha venido a vivir un vampiro y los dos crímenes que allí suceden parecen darle la razón, pero nadie lo toma en serio. Su madre le da Valium, su novia le dice que ha visto mucho cine, etc. Sin embargo, Charlie va en busca de Peter Vincent, un actor de TV especialista en vampiros. Éste tampoco quiere ayudarle, pero, por fin, es convencido y viene a comprobar que el vecino, Jerry, que vive con un amigo guardaespaldas es el auténtico vampiro, sucesor de otro famoso, que, además, quiere vampirizar a Amy y durante una fiesta lo consigue.

CONSIDERACIONES

Una de las mejores películas sobre el vampirismo, que tiene la virtud de unificar unos excelentes efectos especiales con una adecuada dosis de humor, al tiempo que consigue transmitir al espectador la necesaria sensación de angustia y miedo, como corresponde al tema que aborda.

«Noche de miedo» trata el vampirismo de forma muy original, al apartarse de lo estereotipado del género, por lo que no es de extrañar que lograra una notable aceptación popular, lo que originó la realización de una segunda parte: «Noche de miedo II», que ya no tiene las virtudes del presente largometraje.

FICHA TECNICA	
Título original	Fright Night
Año	1986
Director	Tom Holland
Guión	Tom Holland
Fotografía	Jan Kiesser
Música	Brad Fiedel
Duración	103 minutos
	Color

FICHA ARTISTICA	
Chris Sarandon	Jerry Dandrige
Roddy Mc Dowall	Peter Vincent
William Ragsdale	Charley Brewster
Stephen Geoffreys	Evil Ed
Dorothy Fielding	Judy Brewster
Stewart Stern	Cook
Art. J. Evans	Lennox

LA
NOCHE
DE
LOS
MUERTOS
VIVIENTES
(NIGHT OF THE LIVING DEAD)
DIRECTOR: GEORGE A. ROMERO

LA NOCHE DE LOS MUERTOS VIVIENTES

SINOPSIS

La historia empieza al atardecer. Bárbara y su hermano Johnny llegan al cementerio de Willard para poner una corona de flores en la tumba de su padre. Un viejo desconocido se les acerca, y, sin mediar provocación alguna, les ataca. Dejando a Johnny tendido en el suelo, inconsciente, Bárbara corre, aterrorizada, hacia una granja cercana, perseguida por su atacante.

Registrando la casa, descubre a su único habitante: un cadáver mutilado.

El aturdimiento y pánico de Bárbara llega a su cenit cuando descubre que su atacante está fuera de la casa, y a él se han unido otras varias figuras fantasmagóricas. Es entonces cuando Ben, un joven vendedor que busca refugio contra sus atacantes, se abre camino hacia la casa y salva a Bárbara del primer ataque organizado de los asesinos.

Mientras condenan puertas y ventanas, en un intento de mantener fuera al cada vez mayor número de atacantes, Ben explica la causa de lo que está sucediendo, y que ha oído en una emisora de radio; debido a una rara mutación molecular, causada por la investigación atómica del hombre, los muertos se han levantado para devorar a los vivos.

Ben y Bárbara descubren que no son los únicos refugiados en la casa. Judy y Tom, una pareja de quinceañeros, y Helen, Harry y su hija Karen, se habían escondido en el sótano.

Es entre Ben y el quisquilloso Harry donde se desarrolla una fricción interna: el desacuerdo sobre el lugar donde esconderse y cómo defenderse a sí mismos.

CONSIDERACIONES

Toda una obra maestra del cine de terror, que catapultó justamente a la fama a su director, George A. Romero, quien posteriormente a este filme realizó otros dos similares. «Zombi, el regreso de los muertos vivientes» en 1978, y «El día de los muertos» en 1985, no logrando ya con los mismos la calidad del presente largometraje.

«La noche de los muertos vivientes» tuvo un presupuesto de 130.000 dólares, pero esta exigua cantidad no limitó el talento del realizador, quien consiguió con este título una película realmente cruda y atroz, que, hoy en día, es sin lugar a dudas un clásico del cine fantástico del que el director Tom Savini realizó, en 1990, un remake (con guión del propio George A. Romero), que también se tituló «La noche de los muertos vivientes».

FICHA TECNICA

Título original	The night of the living dead
Año	1968
Director	George A. Romero
Guión	John A. Russo
Fotografía	George A. Romero
Productor	Russell W. Streiner y Karl Hardman
Duración	87 minutos
	Blanco y negro

FICHA ARTISTICA

Judith O'Deal	Barbara
Russel Streiner	Johnny
Duane Jones	Ben
Karl Hardman	Harry
Keith Wayne	Tom
Judith Ridley	Judy

LA NOCHE DEL DEMONIO
DANA ANDREWS
PEGGY CUMMINS
NIALL Mac GINNIS
UN FILM DE JACQUES TOURNEUR

LA NOCHE DEL DEMONIO

SINOPSIS

El doctor Karswell, un investigador de la magia negra, busca los misterios del más allá incansablemente transitando por sendas arriesgadas y terroríficas. Empeñado en crear un culto demoníaco, es el principal sospechoso en la muerte de un prestigioso científico y se convierte en el epicentro de una actividad paranormal que parte de la invocación de un ente demoníaco. Un científico norteamericano que estudia la mente humana tendrá que dejar a un lado sus prejuicios de investigador para empezar a creer en la maldición del demonio y los singulares poderes de Karswell.

CONSIDERACIONES

Fue la última película dirigida por Jacques Tourneur, que con ella volvía al género que mejores resultados le había proporcionado en la pantalla, tal y como dejaron demostrado dos clásicos del cine fantástico, «La mujer pantera» y «Yo anduve con un zombi». Tourneur era casi como el personaje de Karswell en la película, un convencido de la existencia de realidades alternativas a las que conocemos, lo que le servía como base para explicar el argumento de su película, que en España fue estrenada inicialmente como «La noche del demonio» aunque posteriormente las cadenas de televisión autonómicas la han recuperado como «La maldición del demonio». Tourneur se mostró contrario a abusar del efectismo mediante las apariciones del demonio, tal y como le pedían los productores, y limitó su historia al campo del suspense negándose a caer en la explotación más barata del terror, algo de lo que también había hecho gala en «La mujer pantera» y «Yo anduve con un zombi». De hecho, llegó a declarar en una revista especializada francesa que las escenas de apariciones demoníacas ni siquiera las había rodado él.

La película se basa en un cuento de Montague Rhodes James, un clásico de la literatura de fantasmas.

FICHA TECNICA

Título original	Curse of the Demon
Año	1958
Director	Jacques Tourneur
Guión	Charles Bennet y Hal E. Chester
Fotografía	Ted Sciafe
Música	Clifton Parker
Duración	90 minutos
	Blanco y negro

FICHA ARTISTICA

Dana Andrews	John Holden
Peggy Cummings	Joanna Harrington
Niall McGuinnis	Dr. Karswell
Maurice Denham	Profesor Harrington
Athene Seyler	Sra. Karswell
Liam Redmond	Mark O'Brien

MAX
SCHRECK
GUSTAV VON
WANGENGHEIM
GRETA SCHROEDER
NOSFERATU
DIRIGIDA POR
FRIEDRICH WILHELM MURNAU

NOSFERATU, EL VAMPIRO

SINOPSIS

Un siniestro noble ha elaborado un plan para trasladarse a la ciudad de Bremen, donde piensa conseguir nuevas víctimas con las que alimentar su sed de sangre. El vampiro encuentra el modo de trasladar sus ataúdes con tierra de su lugar de origen, pero en la ciudad, además de la posibilidad de camuflarse entre las sombras, le espera la muerte con la llegada del nuevo día.

CONSIDERACIONES

Manifiesto del expresionismo alemán, «Nosferatu» nació como un truco para evadir el pago de derechos a los herederos de Bram Stoker adaptando su «Drácula» de forma muy libre y utilizando el vampiro por primera vez como protagonista absoluto de la trama. Clásico del cine de terror, reúne una aureola romántica y fantástica que ha permanecido inmutable a través del tiempo y sigue siendo fuente de inspiración por los aficionados al terror. Surge además de la reunión entre la corriente expresionista y el halo mágico del terror gótico, y conserva los elementos esenciales del original literario de Stoker, dotándolos de menor teatralidad y más desarrollo cinematográfico que la versión protagonizada por Bela Lugosi a principio de los años treinta.

A pesar de haber cambiado el título y los nombres de los personajes, Murnau tuvo que hacer frente a una querella de la viuda de Bram Stoker, que ganó el pleito condenando la película a desaparecer, ya que la sentencia obligaba a la productora a destruir el negativo y todas las copias existentes. Afortunadamente, alguien decidió preservar de la extinción algunas copias.

Existen dos «remakes» de esta película protagonizados por el actor alemán Klaus Kinski, titulados respectivamente «Nosferatu» y «Nosferatu en Venecia».

FICHA TECNICA

Título original	Nosferatu, ene synphonie des graunes
Año	1921
Director	F. W. Murnau
Guión	Henrik Galeen
Fotografía	Fritz Arno Wagner
Música	Peter Schirmann
Duración	72 minutos
	Blanco y negro. Muda

FICHA ARTISTICA

Max Scheck	Orlok
Gustav Von Wangenheim	Hutter
Greta Schroeder	Nina
Alexander Granach	Renfield
G. H. Schnell	Harding
Ruth Landshoff	Annie

UNA OBRA MAESTRA
DEL CINE DE TERROR
La Novia de
FRANKENSTEIN
BORIS KARLOFF
ELSA LANCHESTER
COLIN CLIVE
VALERIE HOBSON
DIRECTOR: JAMES WHALE

LA NOVIA DE FRANKENSTEIN

SINOPSIS

El monstruo creado por Victor Von Frankenstein no ha muerto en el incendio de la torre tal y como se creía al final de la primera película de esta saga. Superviviente al fuego desatado en el laboratorio, provocado por los aterrorizados lugareños, se refugia en un molino, pero no tarda en ser capturado. Cuando finalmente consigue escapar va a parar a la casa de un anciano ciego que le proporciona una efímera hospitalidad. Entretanto, el doctor Frankenstein ha sido raptado por el doctor Pretorius para que cree una nueva criatura, en esta ocasión de sexo femenino, lo que le llevará a entrar en una nueva pesadilla.

CONSIDERACIONES

Película mítica dentro del género terrorífico, está considerada como uno de los títulos más logrados de la saga de filmes de terror creada por la compañía Universal durante los años treinta y cuarenta. Espoleados por el éxito de público de «Frankenstein», los productores se decidieron a invertir dinero en una continuación de la historia que en realidad aprovechaba parte del material presente en la novela de Mary W. Shelley mezclándolo con un inciso de corte más actual representado por el doctor Pretorius, que le añadió un aire surrealista al conjunto a través de las minúsculas criaturas encerradas en urnas de cristal por el sabio enloquecido que vuelve a tentar a Frankenstein para que repita su experimento.

Sin embargo, los productores acusaron a James Whale de haber hecho un monstruo demasiado humano que incluso era capaz de llorar y resultaba menos terrorífico que el de la primera entrega, por lo cual el tercer «Frankenstein» fue encargado a Rowland W. Lee.

FICHA TECNICA

Título original	The Bride of Frankenstein
Año	1935
Director	James Whale
Guión	William Hurblut y Johnny L. Balderston
Fotografía	John Mescall
Música	Franz Waxman
Duración	80 minutos
	Blanco y negro

FICHA ARTISTICA

Boris Karloff	La criatura
Colin Clive	Dr. Frankenstein
Valerie Hobson	Elizabeth
Elsa Lanchester	Mary Shelley/ la novia de Frankenstein
O. P. Heggie	el ermitaño ciego
Una O'Connor	Minnie
Ernest Thesiger	Dr. Pretorius

¡UNA PESADILLA
DE HORROR
DIFICIL
DE OLVIDAR!
BRIDES OF DRACULA
"LAS NOVIAS DE DRACULA"
PETER CUSHING · YVONNE MONLAUR · FREDA JACKSON · MARTHA HUNT · DAVID PEEL
Guión de JIMMY SANGSTER · PETER BRYAN y EDWARD PERCY
Producida por ANTHONY HINDS Productór Ejecutivo MICHAEL CARRERAS
Dirigida por TERENCE FISHER

LAS NOVIAS DE DRACULA

SINOPSIS

A finales del siglo XIX una joven francesa, Marianne Danielle, viaja en diligencia hacia Badstein, en Transilvania, con la intención de trabajar como maestra en un internado femenino. Obligada a pernoctar en el pueblo, acepta la invitación que le hace la anciana baronesa Meinster de ser su huésped esa noche. Ya en el castillo Meinster, en el que sólo parecen vivir la baronesa y su criada Greta, Marianne traba conocimiento con el hijo de aquélla, el joven barón Meinster, a quien la madre mantiene cautivo en una habitación, sujeto con cadenas y con un grillete en torno a uno de sus tobillos.

Marianne, seducida por la apostura del barón, cree la explicación que éste le da, afirmando que su madre es una mujer despótica y cruel y acepta liberarle de sus cadenas. Una vez liberado, el barón Meinster vampiriza a su madre. Marianne huye aterrorizada al bosque cercano, donde la encuentra el Dr. Van Helsing, quien se ha trasladado a Badstein a petición del sacerdote local.

CONSIDERACIONES

«Las novias de Drácula» es el segundo eslabón de la trilogía que Fisher realizó para la productora Hammer Films sobre el famoso personaje de Bram Stoker, iniciada tres años antes con la película «Drácula» (Horror of Dracula) y que se cerraría cinco años después con «Drácula, príncipe de las tinieblas» (1965). Los críticos especializados coinciden hoy en día en afirmar que «Las novias de Drácula» es un filme magistral, no sólo por su dramático tratamiento del color, sino también por el sugestivo relieve de los decorados, la elegancia de los movimientos de la cámara; la excelente atmósfera «irreal» que presenta, y su desarrollo narrativo que origina que, comenzando la película en cuestión como un folletín romántico, acabe como una turbulenta parábola, donde el vampirísmo se enfrenta el puritanismo propio de la sociedad en la que se desarrolla la acción.

FICHA TECNICA	
Título original	Brides of Dracula
Año	1960
Director	Terence Fisher
Guión	Jemmy Sangster, Peter Bryan y Edward Percy
Fotografía	Jack Asher
Música	Malcom Williamson
Duración	85 minutos
	Color

FICHA ARTISTICA	
Peter Cushing	Dr. Van Helsing
David Peel	Barón Meinster
Martita Hunt	Baronesa Meinster
Yvonne Monlaur	Marianne
Freda Jackson	Greta
Henry Oscar	Sr. Lang
Miles Malleson	Dr Tobler

UNA AMENAZA QUE VIENE DE ARRIBA
¡ES LA PELICULA MAS TERRORIFICA QUE HE HECHO!
MATAIX
LOS PAJAROS
(The Birds)
con
ROD TAYLOR · JESSICA TANDY · SUZANNE PLESHETTE · presentando a TIPPI HEDREN
Guión de EVAN HUNTER Dirigida por ALFRED HITCHCOCK
una producción UNIVERSAL Basada en la novela de DAPHNE DU MAURIER TECHNICOLOR
POR FIN LA PELICULA QUE FALTABA DE HITCHCOCK

LOS PAJAROS

SINOPSIS

A Melanie Daniels (Tippi Hedren), una bella joven de San Francisco, le atrae profundamente el abogado Mitch Brenner (Rod Taylor), por lo que viaja a Bahia Bodega, donde decide comprar a la hermana del citado Mitch, un par de simpáticos pajaritos. Ahora bien, nada más llegar al mencionado lugar, una gaviota hiere en la frente a Melanie. Este es el comienzo de una auténtica pesadilla para los habitantes de Bahia Bodega, pues, al día siguiente, en el trancurso de una fiesta campestre con la que se celebra el cumpleaños de Cathy (Veronica Cartwright), la hermana de Mitch, una bandada de pájaros ataca a los niños, comenzando así una serie de ataques en masa por parte de los pájaros a los humanos del lugar. Ataques cada vez más numerosos y violentos, hasta el punto de que varias personas mueren a causa de los mismos.

CONSIDERACIONES

Según el propio Hitchcock, la decisión de rodar al presente largometraje le sobrevino al pensar que después de «Psicosis» la gente esperaba algo que superase a este último filme, antes de que el admirado director pasara a realizar otro tipo de cosas.

Hitchcock dirigió «Los Pájaros» de tal forma que el público no pudiera adivinar nunca cuál sería la siguiente escena. Deliberadamente, inició la película con sucesos corrientes y superficiales, para posteriormente producir en el público un «shock» tras otro. Utilizó 371 planos trucados, algunos de los cuales, como el de la última secuencia, plantearon múltiples problemas técnicos.. Ahora bien, todos estos esfuerzos merecieron la pena, porque, indiscutiblemente, «Los Pájaros» es uno de los filmes más perfectos que se han hecho desde un punto de vista técnico-visual. Algunas personas han querido ver en él una visión de lo que será el Día del Juicio Final, pues, aunque para una gran parte del público los protagonistas del filme logran huir del peligro que suponen los pájaros marchándose a San Francisco, Hitchcock jugó con la idea de recoger una mirada de ellos desde el coche y desde él ver el famoso Golden Gate Bridge todo cubierto de pájaros.

Esta película es una de las más famosas de todas las dirigidas por Hitchcock. Tuvo un impresionante lanzamiento comercial y fue nominada para el Oscar de Hollywood correspondiente a los mejores efectos especiales. Nominación justa por cuanto que, como el propio Hitchcock ha señalado, «los problemas técnicos de rodar "Los Pájaros" dejan en algo ridículo el rodaje de películas como "Cleopatra" o "Ben Hur"».

FICHA TECNICA

Título original	The Birds
Año	1963
Director	Alfred Hitchcock
Guión	Evan Hunter
Fotografía	Robert Burks
Consejero de sonido	Bernard Herrmann
Duración	120 minutos Color

FICHA ARTISTICA

Rod Taylor	Mitch Brenner
Tippi Hedren	Melanie Daniels
Jessica Tandy	Señora Brenner
Suzanne Pleshette	Annie Hayworth
Veronica Cartwright	Cathy Brenner
Ethel Griffies	Mrs. Bundy

PARQUE
JURASICO
DE STEVEN SPIELBERG

PARQUE JURASICO

SINOPSIS

«Parque Jurásico» es un parque de atracciones creado por el científico John Hammond, interpretado por Richard Attemborough. Este científico crea un parque temático sobre dinosaurios en una isla, cerca de Costa Rica. Esos dinosaurios son la atracción del parque, pero son dinosaurios vivos, que han sido creados a partir del restos de su DNA encontrados en un mosquito atrapado en ámbar fosilizado. John Hammond invita a varios científicos y a sus dos jóvenes nietos a inspeccionar el parque antes de la inauguración y es entonces cuando empiezan a ocurrir toda una serie de aventuras increíbles, porque también en el mundo de los dinosaurios, como en la vida real, hay buenos y malos.

CONSIDERACIONES

La segunda película más taquillera de la historia del cine en Estados Unidos, que logró además tres Oscars de Hollywood, correspondientes al mejor sonido, efectos de sonido, y efectos visuales.

«Parque Jurásico» originó además en el mundo entero la fiebre llamada «dinomanía». El propio Spielberg ha señalado que ésta no es una película de ficción, sino de eventualidad científica y quizá sea cierto, porque en Estados Unidos se están realizando experimentos con DNA de animales para conseguir su reproducción en un laboratorio. La película está basada en la obra de Michael Crichton, que puede ser calificado como el Julio Verne de nuestra era. La realidad es que la pasión de Michael Crichton por los dinosaurios viene de lejos, en 1981, cuando su mujer estaba embarazada y él no podía pasar por una tienda de juguetes sin comprarle uno de trapo. Años después, en 1989 retomó el boceto escrito entonces, y lo incrustó entre unas recién adquiridas nociones científicas y una desaforada imaginación. En 1991 recibe el editor de Crichton el manuscrito y Hollywood se revoluciona con la novela, que se disputan la Warner, con Tim Burton como director, la Fox con Joe Dante, Tri-Star con Richard Donner y la Universal con Steven Spielberg. Un millón y medio de dólares es el precio de salida, que redondea la Universal con otro medio para Crichton por escribir el primer borrador. El escritor, además, estaba ya medio convencido por el prestigio y la experiencia de Spielberg.

En concreto, el rodaje de «Parque Jurásico» comenzó el 24 de agosto de 1992 en la isla de Kanai (Hawai).

FICHA TECNICA

Título original	Jurassic Park
Año	1993
Director	Steven Spielberg
Guión	Michael Crichton y David Koepp
Fotografía	Dean Cundey
Música	John Williams
Duración	125 minutos Color

FICHA ARTISTICA

Sam Neill	Grant
Laura Dern	Ellie
Jeff Goldblum	Malcolm
Richard Attenborough	Hammond
Bob Peck	Muldoon
Martin Ferrero	Gennaro

WALLACE
FORD
LEILA
HYAMS
OLGA BACLANOVA
FREAKS
LA PARADA
DE LOS
MONSTRUOS
DIRECTOR:
TOD BROWNING

LA PARADA DE LOS MONSTRUOS

SINOPSIS

En un circo ambulante francés unas criaturas de aspecto extraño conviven con el resto de los integrantes de la «troupe». Monstruosos pero humanos, estos seres viven formando una familia inseparable cuyos fuertes lazos no tardan en desatar una tragedia. Tras comprobar que una bella trapecista intrigante y seductora, Cleopatra, se ríe y aprovecha de uno de sus compañeros traicionándole con otro hombre, el melodrama deja paso al terror y la venganza de los «Freaks» reserva al público un desenlace imprevisto y espectacular.

CONSIDERACIONES

Rodada por la Metro Goldwyn Mayer en el máximo secreto, «Freaks» se basa en el relato de Tod Robbins titulado «Espuelas». Inicialmente el estudio no quería producir la película, pero finalmente la introducción de un final capaz de aliviar el tenso argumento de la película consiguió convencer a los ejecutivos de la Metro para invertir en este cuento de terror narrado en «flashback». Acreedora a los títulos de «repugnante» y «náuseabunda» según los críticos contemporáneos a su primer estreno, la película se ha convertido posteriormente en una de las más inteligentes y humanas invitación al terror cinematográfico de su época e inspiración para varias producciones posteriores. Además de servir como base para una colección de comics, «Freaks» fue sujeto de un «remake» no declarado en «The House of the Damned», producida por la Fox en 1961 y donde se nos muestra un castillo habitado por criaturas similares a las de «Freaks». También fue la inspiración principal de una producción de menor entidad fechada en 1967 y titulada «She-Freak». Frente a estos productos, el principal logro que hace superior a «Freaks» es la intención de su realizador de humanizar a sus «monstruos» protagonistas, una auténtica constante en todos los clásicos del cine de terror.

FICHA TECNICA	
Título original	Freaks
Año	1932
Director	Tod Browning
Guión	Willis Goldbeck y Leon Gordon
Fotografía	Merritt B. Gerstadt
Duración	65 minutos
	Blanco y negro

FICHA ARTISTICA	
Olga Baclanova	Cleopatra
Harry Earles	Hans
Henry Victor	Hercules
Wallace Ford	Phroso
Laila Hyams	Venus
Roscoe Ates	Roscoe

WES CRAVEN'S
PESADILLA
EN ELM STREET

PESADILLA EN ELM STREET

SINOPSIS

La joven hija de un teniente de policía de una pequeña localidad de Estados Unidos comienza un día a soñar con un hombre de rostro desfigurado y con cuchillas en sus uñas que la acosa de forma tan angustiosa que acaba saliéndose del sueño. Lo más curioso del caso es que sus amigos también tienen el mismo sueño y éste tiene efectos mortales para dos de ellos. En principio, nada parece tener sentido, pues un sueño no puede asesinar, pero la frontera entre la realidad y el sueño no existe en este caso, y por ello los jóvenes angustiados han de luchar con todas sus fuerzas paa mantenerse despiertos el mayor período de tiempo posible. La situación descrita comienza a tener una cierta explicación cuando se descubre que detrás del asesino de la pesadilla hay un secreto que conocen los padres de los jóvenes amenazados de muerte, pero lo más extraño del caso es que ninguno de dichos padres quiere hablar.

La joven protagonista, Nancy, puede llegar a detener la ola de crímenes, pero para ello debe ser capaz de despertarse a tiempo.

CONSIDERACIONES

Un original filme de carácter terrorífico que realizado de forma modesta consiguió un éxito de taquilla realmente impresionante, dando lugar a otras películas así como a una serie de televisión basada en el siniestro personaje de Freddy Krueger, que encarna el actor Robert Englund, quien gracias a este largometraje ha logrado una notable popularidad. «Pesadilla en Elm Street» logró en el 13.º Festival Internacional del Film Fantástico de Avoriaz el Gran Premio de la crítica y el primer premio de interpretación. Estos galardones prueban fehacientemente la originalidad y calidad del presente título que, indiscutiblemente, ha sido uno de los mayores éxitos comerciales de la década de los ochenta en el campo del cine terrorífico.

FICHA TECNICA	
Título original	A nightmare on Elm Street
Año	1984
Director	Wes Craven
Guión	Wes Craven
Fotografía	Jacques Haitkin
Música	Charles Bernstein
Duración	100 minutos Color

FICHA ARTISTICA	
John Saxon	Teniente Thompson
Ronee Blakley	Marge Thompson
Amanda Wyss	Tina Grey
Heather Langenkamp	Nancy Thompson
Nick Corri	Rod Lane
Johnny Depp	Glen Lantz
Robert Englund	Freddy Krueger

CHARLTON HESTON
EN
EL PLANETA DE LOS SIMIOS
RODDY McDOWALL
MAURICE EVANS·KIM HUNTER
JAMES WHITMORE·JAMES DALY
FRANKLIN J. SCHAFFNER

EL PLANETA DE LOS SIMIOS

SINOPSIS

Cuando los ocupantes de una nave interestelar despiertan de su estado de invernación, se ven obligados a tomar tierra en un extraño planeta. El reloj de su nave marca el año 3978, lo que significa que han pasado 2.000 años desde que iniciaron su viaje. Son en concreto tres astronautas, dirigidos por el comandante Taylor, los que logran salvarse del accidente que ha sufrido la nave. Comienzan su odisea cruzando un desierto tras el cual llegan a una zona con vegetación en la que ven a una tribu de hombres primitivos que inesperadamente es atacada por un grupo de simios armados y montados a caballo que les hacen prisioneros. Los astronautas también sufren el ataque de los monos, muriendo uno de ellos en la refriega. Otro es utilizado como «conejillo de indias» y sometido a una lobotomía, mientras que Taylor resulta herido en la garganta y, por ello, pierde la voz. Cuando la recupera, gracias a la ayuda de dos simpáticos simios, Zira y Aurelio, ha de enfrentarse con los deseos del llamado profesor Zaius, quien desea eliminar a Taylor al que considera un peligro para la supervivencia de su sociedad. Taylor no comprende este hecho, pero finalmente averiguará los motivos por los que Zaius quiere acabar con él.

CONSIDERACIONES

Uno de los filmes de ciencia-ficción más famosos de toda la historia del cine. Su éxito comercial fue de tal envergadura que dio origen a una saga cinematográfica compuesta por las siguientes películas: «Regreso al planeta de los simios» (Beneath the planet of the apes), de Ted Post (1970), con James Franciscus y Charlton Heston; «Huida del planeta de los simios» (Escape from the planet of the apes), de Don Taylor (1971), con Kim Hunter y Roddy McDowall; «La rebelión de los simios» (Conquest of the planet of the apes), de J. Lee Thompson (1972), con Roddy McDowall y Don Murray; y «Batalla por el planeta de los simios» (Battle for the planet of the apel), de J. Lee Thompson (1973), con Roddy McDowall y Claude Akins.

Además de estos largometrajes se realizó una serie de televisión, comics, muñecos, etc., etc., sobre el planeta de los simios, lo que prueba el enorme impacto popular de la presente película, que, no sólo ganó un óscar especial por su maquillaje, sino que también fue nominada para las estatuillas relativas a la mejor banda sonora original y mejor vestuario.

FICHA TECNICA

Título original	Planet of the apes
Año	1968
Director	Franklin J. Schaffner
Guión	Michael Wilson y Rod Serling
Fotografía	Leon Shamroy
Música	Jerry Goldsmith
Duración	112 minutos
	Color

FICHA ARTISTICA

Charlton Heston	Georges Taylor
Roddy Mac Dowall	Cornelius
Kim Hunter	Zira
Maurize Evans	Doctor Zaius
James Daly	Honorius

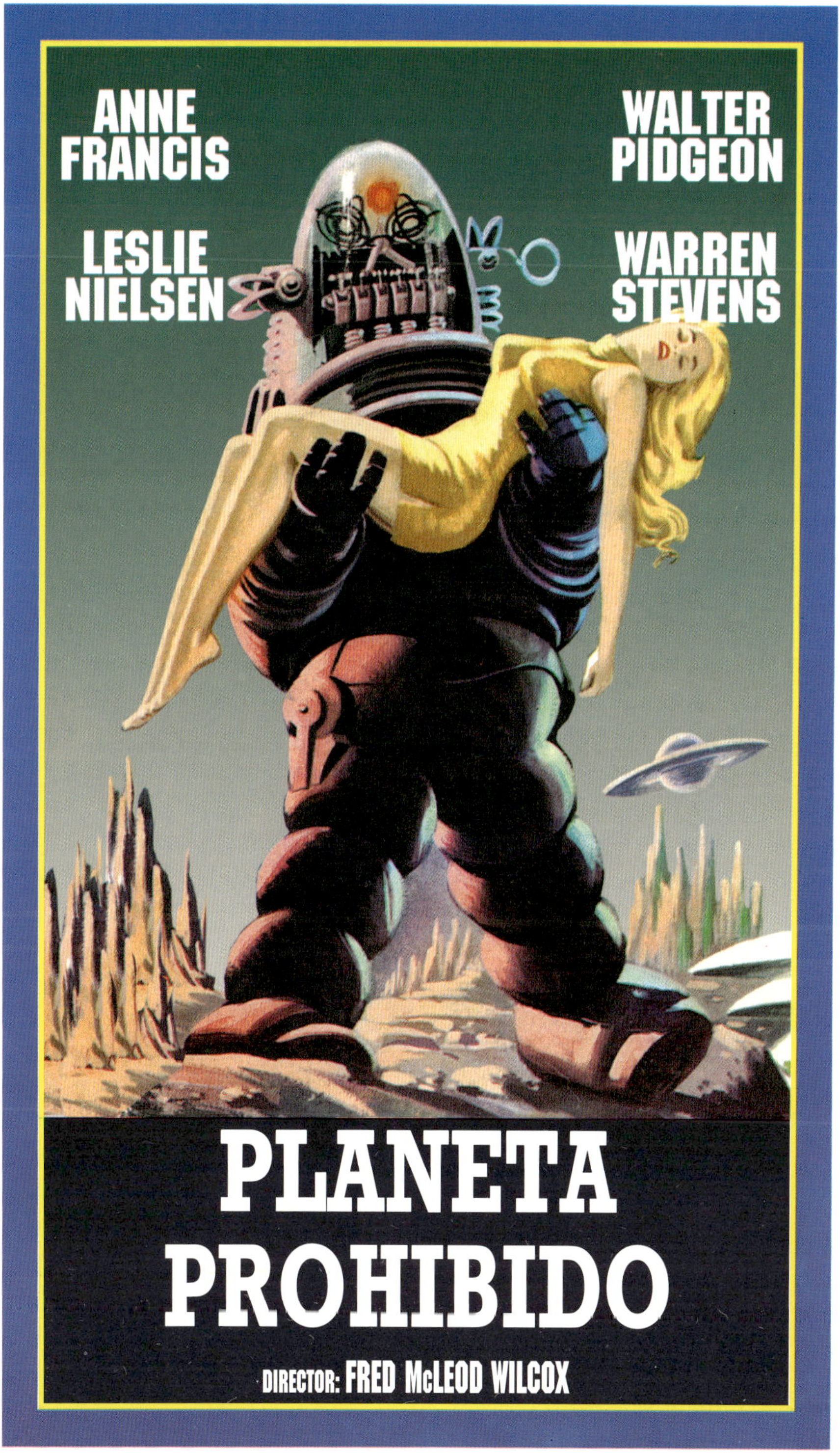
ANNE FRANCIS
WALTER PIDGEON
LESLIE NIELSEN
WARREN STEVENS
PLANETA PROHIBIDO
DIRECTOR: FRED McLEOD WILCOX

PLANETA PROHIBIDO

SINOPSIS

Estamos en el futuro. Corre el año 2200 y desde la Tierra despega una nave interplanetaria con la misión de viajar hasta el Altair 4 para localizar a los supervivientes de un naufragio espacial provocado por un aterrizaje forzoso hace veinte años. Al llegar al planeta, que creen deshabitado, encuentran sólo a dos seres humanos: el profesor Morbius y su hija, Altaira. Aparentemente viven en paz estudiando los restos de una antigua civilización alienígena que habitó el planeta hace siglos, pero pronto se cierne sobre los tripulantes de la nave una amenaza invisible que más tarde cobrará la forma de un monstruo energético de gigantescas proporciones.

CONSIDERACIONES

Basándose en una idea original expuesta en «La tempestad», de William Shakespeare, Allen Adler consiguió vender el proyecto, titulado inicialmente «Fatal Planet», a la MGM. Inicialmente la película se presupuestó en una cifra inferior al millón de dólares, pero en último término se llegó a una inversión de dos millones. Finalmente «Planeta prohibido» consiguió recaudar cuatro millones de dólares, a pesar de que contó con una campaña de promoción barata.

En el anecdotario de la película destaca el hecho de que en principio el monstruo iba a ser invisible, pero los ejecutivos del estudio decidieron complacer a la audiencia juvenil que pensaban obtener para el proyecto contratando a Joshua Meador, del equipo de Disney, para crear las apariciones del ser mediante dibujos animados. En Australia estas escenas fueron suprimidas de la copia exhibida por criterio de los censores.

El crucero espacial se creó mediante la utilización de tres modelos, uno de casi dos metros de diámetro, otro de algo más de un metro y finalmente otro de 45 centímetros de ancho. El complejo extraterrestre se recreó a partir de una maqueta de 45 metros de largo con un espejo al fondo para añadir volumen al cuadro.

La otra estrella de la película, Roby, el robot, era una armadura en cuyo interior se albergaban 800 metros de cable. Lo más curioso del personaje es que respetaba escrupulosamente las tres leyes de la robótica escritas por Isaac Asimov para sus novelas de ciencia ficción: 1.- No dañar a un ser humano o por inacción dejar que sufra daño; 2.- obedecer las órdenes que le dé un ser humano, excepto cuando éstas entren en conflicto con la primera ley; 3.- Proteger su existencia hasta que esta protección entre en conflicto con la primera y segunda leyes.

Nada que ver con el Terminator de James Cameron. La popularidad de Roby, que se convirtió en una de las atracciones principales de la película, le llevó a aparecer nuevamente en «Invisible Boy», otra película filmada por la MGM en 1958. El final de sus días lo vive en el parque de diversiones Movie World.

FICHA TECNICA

Título original	Forbidden Planet
Año	1956
Director	Fred McLeod Wilcox
Guión	Cyril Hume
Fotografía	George Folsey
Música	Louis y Bebé Barron
Duración	98 minutos
	Color

FICHA ARTISTICA

Walter Pidgeon	Profesor Morbius
Anne Francis	Altaira Morbius
Leslie Nielsen	Comandante Addams
Warren Stevens	Dr. Ostrow
Jack Kelly	Teniente Farman
Earl Holliman	Cocinero Dirocco

Están aquí...
POLTERGEIST
(Fenómenos extraños)
Saben cómo aterrorizarle.
Una película TOBE HOOPER. Producida por STEVEN SPIELBERG.
Protagonistas: JOBETH WILLIAMS, CRAIG T. NELSON, BEATRICE STRAIGHT. Música de JERRY GOLDSMITH.
Efectos visuales especiales de INDUSTRIAL LIGHT & MAGIS (Division de Lucasfilm Ltd.).
Historia de STEVEN SPIELBERG. Guión de STEVEN SPIELBERG, MICHAEL GRAIS y MARK VICTOR.
Dirigida por TOBE HOOPER. Producida por STEVEN SPIELBERG y FRANK MARSHALL.

POLTERGEIST

SINOPSIS

La pesadilla comienza en la casa de Steve y Diane Freeling (Graig T. Nelson y Jobeth Williams), una atractiva pareja burguesa con tres hijos que, de pronto se ven envueltos en el centro de un aterrador fenómeno extraño (Poltergeist).

De la noche a la mañana, el sereno mundo de los Freeling de partidos de fútbol los domingos por la tarde y de reuniones de padres de alumnos, se ve aterrorizado por una intrusión violenta y sobrenatural.

La primera en darse cuenta es la hija pequeña Carol Anne (Heather O'Rourke). Una noche baja al salón donde había quedado encendido el televisor y se acerca a la pantalla. En ese momento siente la presencia de una fuerza misteriosa detrás de la pantalla. No se asusta, sino que llama a su madre para decirle que «Ellos están aquí». Es a partir de ese momento cuando se desencadenan los sucesos extraños que culminan con la desaparición de Carol Anne. Sus desesperados padres encargan a un grupo de parapsicólogos que estudien el caso para tratar de recuperar a su hija del más allá.

CONSIDERACIONES

«Poltergeist» es un filme que lleva el sello del superfamoso Steven Spielberg. En esta ocasión Spielberg es productor y guionista del mismo. Ha sido realizado por Tobe Hooper, un director especializado en el terror y autor de una obra muy conocida, «La matanza de Texas».

La cinta trata de que el espectador no se levante de la silla. Para conseguirlo son utilizados todos los elementos necesarios para crear el impacto. Pero esta película no deja al espectador con la sensación de molestia que suelen dejar otras de este tipo. Pero sí consigue mantener la atención del público mediante la inquietud, el impacto, el estremecimiento y el terror a lo desconocido.

En «Poltergeist» ocurre, al igual que en otros filmes de Spielberg, que los niños son para este realizador los mejores receptores. Así, en esta cinta es la niña la elegida por los espíritus; la inocencia produce uno de los mejores momentos de la película.

El éxito comercial del presente largometraje ha dado lugar a dos continuaciones: «Poltergeist II» y «Poltergeist III», que también han tenido una aceptación popular más que notable.

El hecho de que en 1988 falleciera en circunstancias poco claras la niña protagonista de «Poltergeist» ha dado lugar a que esta película tenga hoy en día una especie de carácter misterioso. Nominada para los óscars destinados a los mejores efectos especiales, mejores efectos sonoros, y mejor banda sonora original, el presente filme es uno de los títulos más destacables de la cinematografía norteamericana de los años ochenta en el campo de la ciencia-ficción.

FICHA TECNICA

Título original	Poltergeist
Año	1982
Director	Tobe Hooper
Guión	Steven Spielberg, Michael Grais y Mark Victor
Fotografía	Matthew F Leonetti
Música	Jerry Goldsmith
Duración	114 minutos Color

FICHA ARTISTICA

Craig T. Nelson	Steve Freeling
Jobeth Williams	Diane Freeling
Beatriz Straight	Dr Lesh
Dominique Dunne	Dana Freeling
Oliber Robins	Robbie Freeling
Heather O'Rourque	Carol Anne

OTRA HISTORIA INOLVIDABLE
LA PRINCESA PROMETIDA
The Princess Bride
UN NUEVO FILM DE ROB REINER ACT III COMMUNICATIONS Presenta
Una producción REINER/SCHEINMAN de WILLIAM GOLDMAN "THE PRINCESS BRIDE"
CARY ELWES · MANDY PATINKIN · CHRIS SARANDON · CHRISTOPHER GUEST · WALLACE SHAWN
ANDRE THE GIANT Con la presentación de ROBIN WRIGHT y las colaboraciones especiales de PETER FALK y BILLY CRYSTAL
Montador ROBERT LEIGHTON Diseño de Producción NORMAN GARWOOD Director de Fotografía ADRIAN BIDDLE
Música de MARK KNOFFLER Productor Ejecutivo NORMAN LEAR Guión de WILLIAM GOLDMAN
Producida por ANDREW SCHEINMAN y ROB REINER Dirigida por ROB REINER

LA PRINCESA PROMETIDA

SINOPSIS

Un joven que se encuentra guardando reposo a causa de un gran catarro decide matar el tiempo con uno de sus videojuegos. Al poco tiempo llega su abuelo con un regalo: un libro titulado «La princesa prometida». El muchacho odia los libros pero decide complacer a su abuelo y comienza a escuchar la historia en la que hay luchas, venganza, tortura, gigantes, hombres malos, hombres buenos, mujeres bellas, monstruos de diferentes formas y tamaños, persecuciones, amor y magia.

CONSIDERACIONES

El encargado de llevar a buen puerto este cuento medieval, con todos los elementos básicos en este tipo de narraciones, ha sido el justamente celebrado Rob Reiner, director de otra película presumiblemente dirigida al público infantil pero que llegó a todo el mundo, se trata de «Cuenta conmigo» («Stand by Me»).

Está comprobado que en nuestro país gustan mucho estas historias llenas de aventuras y fantasía, ambientadas en siglos pasados. «La historia interminable» y «Lady Halcón» han sido dos películas que han funcionado muy bien en taquilla dentro de nuestras fronteras.

Además de un atractivo argumento: (bella princesa raptada por unos malvados capitaneados por el príncipe Humperdinck que se tendrá que enfrentar al inevitable galán, esta vez llamado Westley, y a sus compañeros: el español Iñigo Montoya, el gigante Fezzik y el mago Max) «La princesa prometida» cuenta con un buen reparto capitaneado por el joven Cary Elwes, a quien pudimos ver en «Otro país» y «Lady Jane», y la debutante Robin Wright, conocida por su trabajo en la serie televisiva «Santa Bárbara», que encarna a la princesa Buttercup.

FICHA TECNICA	
Título original	The princess bride
Año	1987
Director	Rob Reiner
Guión	William Goldman
Fotografia	Adrien Briddle
Musica	Mark Knopfler
Duración	98 minutos
	Color

FICHA ARTISTICA	
Cary Elwes	Westley
Robin Wright	Bottondoro
Chris Sarandon	Humperdinck
Christopher Guest	Rugen
Wallace Shawn	Vizzini
Mandy Patinkin	Iñigo Montoya

CADA HORA...CADA DÍA...ESTÁ UD.
MÁS CERCA DEL FIN DEL MUNDO.
¿SE ACUERDA?
UD. YA FUE ADVERTIDO...
¡LA PROFECÍA
VA A CUMPLIRSE!
LA PROFECIA
666
(THE OMEN)
GREGORY PECK y LEE REMICK
en LA PROFECÍA (THE OMEN)
Una producción de HARVEY BERNHARD-MACE NEUFELD
con DAVID WARNER y BILLIE WHITELAW
Productor ejecutivo MACE NEUFELD productor HARVEY BERNJHARD Director RICHARD DONNER
Escritor DAVID SELTZER Música JERRY GOLDSMITH Panavisión

LA PROFECIA

SINOPSIS

Una interesante versión sobre la conocida profecía relativa al Anticristo, que, en este filme, es un niño llamado Damien, a quien adopta un político norteamericano haciendo creer a su mujer que es su propio hijo. La trama de «La Profecía» comienza en concreto en Roma, un 6 de junio a las seis de la madrugada. Después de haber sufrido repetidos fracasos, Katherine Thorn parecía que ahora iba a conocer su primer parto. Robert, su marido, fue el primero en enterarse de boca del padre Spiletto que el niño había muerto al nacer. Katherine, todavía inconsciente, ignoraba este nuevo drama y Robert, para evitárselo, aceptó prestarse a la caritativa mixtificación que el cura sugería. Con su complicidad, adoptó secretamente a un niño llamado Damien, nacido la misma noche, y al cual había abandonado su madre. Varias semanas más tarde, los Thorn se trasladaron a Londres donde Robert —que seguía gozando de la amistad del Presidente— acaba de ser nombrado embajador.

Han pasdo cinco años, durante los cuales Katherine, al principio colmada de felicidad por la llegada de Damien, siente que éste se aleja progresivamente de ella. Y comienza a inquietarse al verlo permanecer extrañamente silencioso fijando sobre cada persona una mirada escudriñadora y fría. Luego, el día del quinto cumpleaños del niño, su joven ama, inexplicablemente, se ahorca gritando antes de morir el nombre de Damien.

Desesperada, la madre consulta a un psiquiatra, sin atreverse a declarar a Robert los motivos de su inquietud. Por su parte, el marido ha recibido la visita de un sacerdote, el padre Brennan, cuyas asombrosas revelaciones y exhortaciones ha rechazado de plano, pero que no puede apartar de su memoria. En el curso de una segunda entrevista, anuncia a Robert algo que nadie podría saber: Katherine está embarazada de nuevo y Damien no permitirá que el hijo nazca, pues él debe ser el único heredero de Thorn y, después de haberlo matado, instaurar sobre la Tiera el reino de Satán.

CONSIDERACIONES

«La Profecía» es uno de los largometrajes de mayor éxito comercial de los años setenta, lo que dio origen a la realización de dos continuaciones: «La maldición de Damien» (Damien: Omen two), dirigida por Don Taylor en 1978 y «El final de Damien» (The final conflict), que dirigió en 1981 Graham Baker.

«La Profecía» logró el oscar correspondiente a la mejor banda sonora original, siendo también nominada para el relativo a la mejor canción («Ave Satani»).

La presente película es, posiblemente, tras «El Exorcista», el mejor largometraje que existe de los llamados «satánicos».

FICHA TECNICA	
Título original	The Omen
Año	1976
Director	Richard Donner
Guión	David Seltzer
Fotografía	Gil Taylor
Música	Jerry Goldsmith
Duración	111 minutos
	Color

FICHA ARTISTICA	
Gregory Peck	Robert Thorn
Lee Remick	Katherina Thorn
David Warner	Jennings
Leo McKern	Bugenhagen
Harrey Stephens	Damien
Billie Whitelaw	Señora Baylock

Quién engañó a
ROGER RABBIT
Director
Robert Zemeckis

¿QUIEN ENGAÑO A ROGER RABBIT?

SINOPSIS

A un malhumorado detective le cae una difícil misión: encontrar al asesino de un humano supuestamente asesinado por un dibujo animado. Con la ayuda de un «dibu», un conejo de la pantalla grande, irá desentrañando los misterios que rodean este asesinato y poniendo su propia vida en peligro ante el acoso del Juez y las comadrejas.

CONSIDERACIONES

Este filme logró en 1988, tres Oscars de Hollywood, correspondientes a los mejores efectos de sonido, efectos visuales y montaje. Además, fue nominado para otras tres estatuillas relativas al mejor sonido, fotografía y dirección artística.

Junto a este éxito, obtuvo otro no menos importante ya que se configuró como el título más taquillero de dicho año en Estados Unidos, logrando unos beneficios de 78 millones de dólares. El presente largometraje constituye además el primer «matrimonio cinematográfico» entre dos conocidos estudios: los de Disney y los de Spielberg. El resultado es el montaje de animación más logrado de la historia del cine.

El director Robert Zemeckis, uno de los hombres de confianza de Spielberg, y que ya había demostrado su valía con el filme «Regreso al futuro» ha sabido concebir adecuadamente esta película logrando una inmejorable mezcla de cine negro y cuento infantil.

FICHA TECNICA

Título original .... Who framed Roger Rabbit?
Año 1988
Director .... Robert Zemeckis
Guión .... Jeffrey Price y Peter S. Seaman
Fotografía .... Dean Cundey
Música .... Alan Silvestri
Duración .... 99 minutos
Color

FICHA ARTISTICA

Bob Hoskins .... Eddie Valiant
Joanna Cassidy .... Dolores
Christopher Lloyd .... Demort
Stubby Kaye .... Marviri Acme
Alan Tilvern .... R.K. Maroon

STEVEN SPIELBERG Presenta
REGRESO AL FUTURO
Una película de ROBERT ZEMECKIS
NUNCA LLEGABA A TIEMPO A CLASE.
NO LLEGABA A TIEMPO PARA CENAR.
HASTA QUE UN DIA DESAPARECIO DE SU TIEMPO.
"BACK TO THE FUTURE" Protagonistas MICHAEL J. FOX
CHRISTOPHER LLOYD • LEA THOMPSON • CRISPIN GLOVER
Escrita por ROBERT ZEMECKIS & BOB GALE Música por ALAN SILVESTRI Producida por BOB GALE y NEIL CANTON
Productores Ejecutivos STEVEN SPIELBERG KATHLEEN KENNEDY y FRANK MARSHALL
Dirigida por ROBERT ZEMECKIS
DOLBY STEREO

REGRESO AL FUTURO

SINOPSIS

Todo comienza en una casa llena de relojes que, en plan chapuza, la tienen totalmente automatizada. Es el hogar del extravagante Doctor Emmet Brown (Christopher Lloyd). Un chico, Marty (Michael J. Fox), va a verle y no encuentra a nadie. Más tarde va a una actuación de Rock a la que se presenta y es rechazado. Marty pasea sus penas con Linda (Wendie Jo Sperberg), su novia de siempre. Vuelve a casa y se encuentra con el deprimente espectáculo de su padre George (Crispin Glover), un hombre cobarde que no sirve para nada. Su madre Lorraine (Lea Thompson), una alcohólica empedernida. Su hermano, en paro, y su hermana, que sólo piensa en comer. Marty está desesperado cuando recibe una llamada del Doctor que le cita en un desierto aparcamiento. Al llegar descubre un coche extraño, lleno de tubos y aditamentos. El Doctor le explica que el coche es en realidad una máquina del tiempo, que puede proyectarse al futuro y al pasado. Hace una prueba con su perro a control remoto y es satisfactoria. En ese momento llegan unos terroristas que disparan al Doctor que cae aparentemente muerto. Marty, en una huida desesperada, se mete en el coche del tiempo y al escapar llega a la velocidad crítica y se va... al pasado.

CONSIDERACIONES

Este filme alcanzó el Oscar de Hollywood correspondiente a los mejores efectos sonoros y fue nominado para los relativos al mejor guión original, canción y sonido. Fue además la película más taquillera en 1985 en Estados Unidos y Canadá, al lograr unos ingresos de 207.997.791 dólares, lo que dio origen a la realización de dos continuaciones.

La mayor virtud de este filme de Zemeckis está, sin duda, en un guión que, a diferencia de otras películas producidas por Spielberg, no se queda en el simple enunciado, sino que intenta llevar siempre los esbozos e ideas hasta las últimas secuencias. De la facilidad que tienen Gale y Zemeckis para definir personajes con los mismos elementos y rodearlos de situaciones a la vez tensas y paródicas, espectantes pero que nunca pueden ser tomadas en serio, resulta un producto calculadísimo, sin bache alguno, que aglutina toda una serie de elementos dispersos dándoles una unidad consistente. Así, el viaje en el tiempo, la parodia del sabio despistado —aparentemente metamorfoseado de Metropolis—, el rock como concepto vital, el monopatín, la brillantina, el amor adolescente y el característico «look» de los cincuenta, sirven de perfecto soporte para que Spielberg introduzca su habitual mirada sobre el entorno familiar y, al mismo tiempo, Zemeckis le dé la vuelta a esa mirada con una clara provocación incestuosa, que se convierte en el centro de este regreso futurista con unos efectos especiales tan brillantes como ajustados.

FICHA TECNICA

Título original .... Back to the future
Año 1985
Director .... Robert Zemeckis
Guión ..... Robert Zemeckis y Bob Gale
Fotografía .... Dean Cundey
Música .... Alan Silvestri
Duración .... 105 minutos
Color

FICHA ARTISTICA

Michael J. Fox .... Marty McFly
Christopher Lloyd ..... Doctor Emmet Brown
Lea Thompson .... Lorraine Baines
Crispin Glover .... George McFly
Thomas F.Wilson .... Biff Tannen

EL RESPLANDOR
(THE SHINING)
UN FILM DE STANLEY KUBRICK
PROTAGONIZADO POR
JACK NICHOLSON · SHELLEY DUVALL "EL RESPLANDOR" CON SCATMAN CROTHERS, DANNY LLOYD
BASADO EN LA NOVELA DE
STEPHEN KING
GUION DE
STANLEY KUBRIK y DIANE JOHNSON ·
PRODUCIDA Y DIRIGIDA POR
STANLEY KUBRICK ·
PRODUCTOR EJECUTIVO
JAN HARLAN

EL RESPLANDOR

SINOPSIS

El matrimonio Torrance, Jack y Wendy, viaja con su hijo hacia una nueva vida. Danny es un niño con las facultades extrasensoriales muy desarrolladas. Jack ha encontrado trabajo en un viejo hotel, algo siniestro, para el cual hacía falta un guardia jurado, un vigilante de noche y día. Como el hotel en invierno permanece cerrado por falta de clientela, en ésta temporada los Torrance se trasladarán al caserón para vivir en él, vigilarlo y cuidarlo. El encargado de enseñarle sus obligaciones le contará los sucesos que le ocurrieron al último vigilante: por alguna extraña circunstancia cometió varios crímenes. Torrance no dá demasiada importancia a este relato. Pero poco a poco va siendo víctima de una serie de fenómenos que le van desequilibrando. El hotel es un ente vivo que va dominando su voluntad. El niño y Wendy se dan cuenta de la transformación que se va produciendo en Jack; Danny, con sus poderes, pide ayuda al encargado. Torrance comienza a perseguir a la mujer y al niño por el hotel, armado con un hacha. Cuando está a punto de alcanzar a su familia, aparece el encargado.

CONSIDERACIONES

El estupendo Stanley Kubrik dirige este apasionante relato de terror basado en una novela de Stephen King. Prácticamente desde el comienzo de «El resplandor» Kubrik crea un ambiente irreal, tenso, muy efectivo, al que contribuye Jack Nicholson en una de sus más efectistas y descontroladas interpretaciones (algo que, indudablemente, requiere el filme). Aunque las críticas fueron un tanto duras cuando la película se estrenó, hoy «El resplandor» se nos muestra como un notable ejemplo de cine de terror, en el que si bien Kubrik usa —y abusa— de todos los efectismos posibles, el resultado es positivo.

Dato anecdótico: Shelley Duvall está doblada al castellano por Verónica Forqué, ya que Kubrik exigió que en España fuera el cineasta Carlos Saura el responsable del proceso de doblaje, dado el prestigio de este realizador español.

FICHA TECNICA	
Título original	The Shining
Año	1980
Director	Stanley Kubrick
Guión	Stanley Kubrick y Diane Johnson
Fotografia	John Alcott
Musica	Bela Bartok y otros
Duración	115 minutos Color

FICHA ARTISTICA	
Jack Nicholson	Jack Torrance
Shelley Duvall	Wendy Torrance
Danny Lloyd	Danny Torrance
Scatman Crothers	Halloran
Joe Turkel	Loyd
Barry Nelson	Ullman
Philip Stone	Grady

LA GUERRA DE LAS GALAXIAS
EL RETORNO DEL JEDI
EL RETORNO DEL JEDI (Return of the Jedi)
Con MARK HAMILL HARRISON FORD CARRIE FISHER
BILLY DEE WILLIAMS ANTHONY DANIELS en el papel de C-3PO
y DAVID PROWSE – KENNY BAKER – PETER MAYHEN – FRANK OZ
Dirigida por RICHARD MARQUAND Producida por HOWARD KAZANJIAN
Argumento GEORGE LUCAS Guión LAWRENCE KASDAN y GEORGE LUCAS Productor ejecutivo GEORGE LUCAS Música JOHN WILLIAMS

EL RETORNO DEL JEDI

SINOPSIS

Tercer largometraje de la famosa cinematografía, conocida comúnmente como «galáctica» y, por lo tanto, continúa desarrollando la historia iniciada con el filme «La guerra de las galaxias» y seguida en «El imperio contraataca». Con unos excelentes efectos especiales, esta película nos cuenta cómo, tras los sucesos acaecidos en los dos anteriores filmes mencionados, los comandantes rebeldes planean su próximo ataque contra el malvado imperio galáctico. Por primera vez, todas las naves guerreras de la flota de los rebeldes se están agrupando para formar una sola armada gigante.

El comandante Luke Skywalker y la princesa Leia Organa se han dirigido al planeta desértico de Totooine con el propósito de rescatar a su amigo Han Solo que se encuentra congelado en carbón y a merced del malvado Jabba el Hutt.

Sin embargo, no sospechan que la rebelión está condenada: el emperador galáctico ha ordenado que se inicie la construcción de una nueva estación especial armada, mil veces más poderosa que la terrible «Estrella de la Muerte».

CONSIDERACIONES

«El retorno del Jedi» fue durante muchos años el tercer filme más taquillero de la historia del cine, ostentando el récord de ser la película que ha obtenido una mayor recaudación en taquilla el día de su estreno. En concreto, consiguió el 25 de mayo de 1983 unos ingresos de 6.219.629 dólares a través de 1.002 cines de Estados Unidos.

Al igual que los otros dos largometrajes de la llamada «trilogía galáctica» («La guerra de las galaxias» y «El imperio contraataca»), el presente título es toda una muestra del grado de perfección que han logrado en su trabajo los equipos de efectos especiales. El presupuesto de «El retorno del Jedi» fue de 32 millones de dólares, lo que supone más del triple que el correspondiente al primer filme de la saga.

FICHA TECNICA

Título original	Return of the Jedi
Año	1983
Director	Richard Marquand
Guión	Lawrence Kasdan y George Lucas
Fotografía	Alan Hume
Música	John Williams
Efectos especiales	Richard Edlund A.S.C.
Duración	133 minutos Color

Mark Hamill	Luke Skywalker
Harrison Ford	Han Solo
Carrie Fisher	Princesa Leia
Billy Dee Williams	Lando Calrissian
David Prowse	Darth Vader
Anthony Daniels	C-3 PO
Peter Mayhew	Chewbacca

PARTE HOMBRE,
PARTE MAQUINA,
TODO POLICIA.
DETROIT POLICE
ROBOCOP
EL FUTURO REFUERZO DE LA LEY.

ROBOCOP

SINOPSIS

La acción de este filme se desarrolla en la ciudad industrial de Detroit, en el año 2000. Una ola de crímenes se abate sobre esta urbe, hasta el punto de que no se puede pasear por ella ni siquiera llevando uniforme. Se ha programado arrasar el viejo núcleo de Motown dentro de seis meses para abrir paso al Delta City, el proyecto urbano más ambicioso de América. Entretanto, vicio, crímen, corrupción y violencia arrasan las calles de la ciudad.

El agente de policía Murphy (Peter Weller) acepta el reto. Trasladado a la comisaría de Detroit, y asignado un nuevo compañero, la agente Lewis (Nancy Allen), persigue una furgoneta sospechosa hasta las profundidades de la ciudad. En la furgoneta está Clarence (Kurtwood Smith) y su pandilla de locos homicidas. Murphy, atrapado en un callejón sin salida, es abatido salvajemente por las hordas de Clarence. Su cuerpo, horriblemente mutilado, yace en el suelo bañado en un charco de sangre, pero su corazón late aún, imperceptiblemente.

Ésta es la gran oportunidad que ha estado esperando Morton (Miguel Ferrer), el joven Director de Desarrollo de la «Security Concepts». Utilizando lo que queda de Murphy como prototipo, podrá iniciar el programa «RoboCop».

CONSIDERACIONES

Premiada en el Festival de cine fantástico de Avoriaz en 1988, el presente filme ha constituido un tremendo éxito de taquilla, originando la realización de varias continuaciones.

Paul Verhoeven, realizador de la polémica «Delicias turcas»; decidió emigrar a los Estados Unidos para conseguir escapar del cine realista y cotidiano, sin apenas medios, que se veía obligado a desarrollar en su país natal. Así fue como llegó a un proyecto que le permitía desarrollar todo su interés por el cine de acción con medios económicos y técnicos apropiados. El título del mismo era «Robocop», una historia de ciencia-ficción que seguía los pasos de «Terminator» y creaba un nuevo héroe destinado a convertirse en uno de los éxitos de taquilla en los Estados Unidos.

Peter Weller, actor que encarnó al policía de «Apology», junto a Lesley Ann Warren, es el encargado de dar vida al «Robocop» de Verhoeven, un personaje que pasa la mayor parte del tiempo enmascarado por su armadura, y, según parece, creó algunas dificultades al actor para construir un tipo sin sentimientos ni recuerdos hasta la última parte del filme.

FICHA TECNICA

Título original	Robocop
Año	1988
Director	Paul Verhoeven
Guión	Edward Neumeier y Michael Miner
Fotografía	Jost Vacano
Música	Basil Poledouris
Duración	103 minutos
	Color

FICHA ARTISTICA

Peter Weller	Murphy/Robocop
Nancy Allen	Anne Lewis
Ronny Cox	Jones
Daniel O'Herlihy	"El viejo"
Kurtwood Smith	Clarence
Miguel Ferrer	Morton
Ray Wise	Leon
Felton Perry	Johnson

Mia
Farrow
John
Cassavetes
ROMAN POLANSKI
la
Semilla
del Diablo
(ROSEMARY'S BABY)

LA SEMILLA DEL DIABLO

SINOPSIS

Guy y Rosemary Woodhouse, una joven pareja de recién casados, visitan un apartamento en la casa Bramford, uno de los más antiguos edificios de Nueva York, y deciden alquilarlo a pesar de la oposición de Hutch, un viejo amigo de Rosemary que les explica la mala fama de la casa, debido a que en ella han vivido conocidos brujos. Guy es un actor sin suerte y Rosemary una joven esposa dedicada exclusivamente a su hogar. Quieren tener hijos, pero aún es pronto.

Rosemary conoce en el sótano de la casa a Terry, una joven que vive con los Castevet, vecinos de Guy y Rosemary a los cuales se oye recitar extraños cantos de vez en cuando. Terry le cuenta a Rosemary cómo los Castevet la recogieron de la calle y le enseña un curioso amuleto de la buena suerte que le han regalado.

Pocos días después, Rosemary y Guy se encuentran con que Terry se ha suicidado tirándose por la ventana. Desde ese momento, la vida de Rosemary se convertirá en una auténtica pesadilla, especialmente desde que sueña copular con una bestia, antes de su embarazo.

CONSIDERACIONES

Con prácticamente como único escenario un caserón —el mismo en que habitaron Lauren Bacall y John Lennon— al que van a vivir los protagonistas tras su matrimonio, y en el que moran, igualmente, los miembros de una secta satánica que harán de Rosemary su víctima propiciatoria, Polanski ha puesto en pie una historia que en ningún momento —pese al desmedido metraje del filme— deja de interesar, con momentos absolutamente memorables y un ritmo perfecto, a cuyos méritos hay que añadir una expresiva fotografía de William Fraker, que luego se convertiría en realizador y, sobre todo, una interpretación fuera de serie.

«La semilla del diablo» fue en su momento todo un éxito comercial, y reveló a los no excesivamente cinéfilos al realizador Roman Polanski, si bien éste antes de su incorporación al cine americano, se había dado a conocer en los circuitos más o menos «especializados» con títulos como «El cuchillo en el agua», que rodó en su Polonia natal, o «Repulsión» y «Cul-de-sac», filmadas en Inglaterra. Pero no sería hasta «La semilla del diablo», que alcanzaría un auténtico triunfo internacional.

FICHA TECNICA	
Título original	Rosemary's Baby
Año	1968
Director	Roman Polanski
Guión	Roman Polanski
Fotografia	William Fraker
Musica	Christopher Komeda
Duración	134 minutos Color

FICHA ARTISTICA	
Mia Farrow	Rosemary Woodhouse
John Cassavetes	Guy Woodhouse
Ruth Gordon	Minnie Castevet
Sidney Blackmer	Roman Castevet
Maurice Evans	Hutch
Angela Dorian	Terry
Ralph Bellamy	Dr. Sapirstein

DE JOHN CARPENTER
STARMAN
EL HOMBRE DE LAS ESTRELLAS
En 1977 el Voyager II fue lanzado al espacio, invitando a toda forma de vida en el universo a visitar nuestro planeta.
Prepárese. Viene compañía.
COLUMBIA PICTURES PRESENTA
UNA PRODUCCION MICHAEL DOUGLAS - LARRY J. FRANCO
JEFF BRIDGES • KAREN ALLEN
DE JOHN CARPENTER "STARMAN" EL HOMBRE DE LAS ESTRELLAS
CHARLES MARTIN SMITH • RICHARD JAECKEL
MUSICA DE JACK NITZSCHE
EFECTOS ESPECIALES de INDUSTRIAL LIGHT & MAGIC UNA DIVISION DE LUCASFILM, L.T.D.
CO-PRODUCICA POR BARRY BERNARDI
ESCRITA POR BRUCE A. EVANS Y RAYNOLD GIDEON
PRODUCTOR EJECUTIVO MICHAEL DOUGLAS
PRODUCIDA POR LARRY J. FRANCO
MUSICA EN DISCOS Y CASSETTES
Vinilo
DIRIGIDA POR JOHN CARPENTER
DOLBY STEREO
EN SALAS ESPECIALES

STARMAN

SINOPSIS

Un «ovni» es abatido sobre Estados Unidos por un grupo de aviones refugiándose el piloto alienígena en casa de una joven viuda, Jenny (Karen Allen), y tomando por clonización el cuerpo físico de su marido recientemente fallecido. El extraterrestre, que tiene extraños poderes y habla el idioma inglés de un modo que podríamos llamar primitivo, pide a Jenny que le lleve a Arizona, donde dentro de unos días le recogerá una nave de su planeta. La protagonista accede por temor, pero posteriormente toma cariño al alienígena y le ayuda de buen grado. Naturalmente, la pareja es perseguida a lo largo de su viaje hacia Arizona por una multitud de policías, pero todo acaba felizmente.

CONSIDERACIONES

Steven Spielberg cambió por completo la tendencia cinematográfica con relación a los filmes de ciencia-ficción sobre extraterrestres al dirigir «Encuentros en la tercera fase» y «ET» y lograr con estos títulos unos excelentes resultados comerciales. Pues bien, «Starman» sigue la línea de estas dos últimas películas al descubrir las vicisitudes de un gentil extraterrestre que llega a nuestro planeta creyendo encontrar amistad, amabilidad y dulzura, y al igual que el protagonista de «ET», lo que se encuentra es una feroz persecución por parte de todo tipo de fuerzas públicas que le quieren atrapar para investigarlo en todos los aspectos como si de un animal se tratara. Así, a pesar de que el director John Carpenter es un especialista en el ámbito del cine de terror, ha realizado en esta ocasión un filme de ciencia-ficción eminentemente romántico.

«Starman» es, pues, una entrañable fantasía romántica que cuenta con una buena interpretación por parte de los dos protagonistas, así como con unos interesantes efectos especiales. Es, en definitiva, una película muy comercial que satisface plenamente a los aficionados a la ciencia-ficción, y cuyo éxito comercial ha originado la realización de una serie televisiva emitida en nuestro país.

FICHA TECNICA

Título original	Starman
Año	1984
Director	John Carpenter
Guión	Bruce A. Evans y Raynold Gideon
Fotografía	Donald M. Morgan A.S.C.
Música	Jack Nitzsche
Duración	115 minutos Color

FICHA ARTISTICA

Jeff Bridges	Starman
Karen Allen	Jenny Hayden
Richard Jaeckel	George Fox
Charles Martin Smith	Mark Shermin
Robert Phalen	Mayor Bell
Tony Edwards	Sargento Lemon
John Walter Davis	Brad Heinmuller

STAR TREK
LA PELICULA
TM
INCOMPARABLE
STAR TREK • LA PELICULA Una producción de GENE RODDENBERRY dirigida por ROBERT WISE
Protagonistas WILLIAM SHATNER • LEONARD NIMOY De FOREST KELLY Con JAMES DOOHAN • GEORGE TAKEY • MAJEL BARRETT
WALTER KOENING • NICHELLE NICHOLS Con la presentación de PERSIS KHAMBATTA como Ilia y STEPHEN COLLINS como Decker
Música JERRY GOLDSMITH Guión HAROLD LIVINGSTON Basada en una historia de ALAN DEAN FOSTER Productor GENE RODDENBERRY
Director ROBERT WISE

STAR TREK

SINOPSIS

Patrullando su propio territorio, en el siglo XXIII, tres poderosos cruceros de Klingon deben enfrentarse a un intruso desconocico y pavoroso. Una a una las naves espaciales de Klingon son destruidas.

Esta aniquilación sorprende a los observadores que están en la estación monitora Epsilon 9 de la Flota Espacial. La información que luego se transmite urgentemente a los cuarteles centrales de la flota espacial en San Francisco, tiene connotaciones profundamente pesimistas.

El misterioso cuerpo extraño entra prontamente al territorio de la Federación y se dirige a una increible velocidad hacia la Tierra.

La Nave Espacial de los Estados Unidos «Enterprise», reequipada con el mejor sistema de armamento que cuenta la flota, es llamada para que regrese y se ponga de inmediato en actividad con el fin de afrontar esta emergencia. Una vez más, el Capitán James T. Kirk asume el mando.

Sólo Mr. Spock, el Oficial Científico Vulcano, y el Dr. Leonard «Huesos» McCoy, los valiosos ayudantes de Kirk en las misiones anteriores, faltan ahora cuando el resto de su tripulación regular responde al llamado de alistamiento. Momentos antes que el «Enterprise» abandone su dique seco orbital, que se halla en el cielo, muy por encima de San Francisco, McCoy aparece a bordo.

Más tarde, y en circunstancias aún más sorprendentes, también llega Spock.

CONSIDERACIONES

El éxito comercial de «La guerra de las Galaxias» y «Encuentros en la tercera fase» llevó a los productores de Hollywood a realizar una película basada en la mejor serie de televisión de toda la historia: «Star Trek, la conquista del espacio». Este largometraje no es otro que el presente filme, cuyo éxito comercial ha dado lugar a otros seis títulos, que han obtenido también una notable aceptación popular. Con mayores medios y una tecnología más elaborada que la serie televisiva en la que se basaba «Star Trek, la película» fue nominada para tres óscars de Hollywood correspondientes a la mejor dirección artística (Harold Michelson, Joe Jennings, Leon Harris, John Valone y Linda De Scenna), mejor banda sonora original (Jerry Goldsmith) y mejores efectos especiales (John Dykstra, Douglas Trumbull, Richard Juricich, Robert Swarthe y Dave Stewart).

«Star Trek, la película» es toda una superproducción cinematográfica, y, desde luego, uno de los títulos más destacables de la historia del cine de ciencia ficción.

FICHA TECNICA

Título original	Star Trek, the movie
Año	1979
Director	Robert Wise
Guión	Harold Livingston
Fotografía	Richard H. Kline A.S.C.
Música	Jerry Goldsmith
Duración	130 minutos Color

FICHA ARTISTICA

William Shatner	Capitan Kirk
Leonard Nimoy	Spock
Persis Khambatta	Ilia
Stephen Collins	Will Decker
Deforest Kelley	Dr.McCoy
George Takei	Sulu
James Doohan	Scotty

SUPERMAN
EL FILM
Usted creerá que un hombre puede volar
ALEXANDER SALKIND PRESENTA MARLON BRANDO · GENE HACKMAN EN UN FILM DE RICHARD DONNER
SUPERMAN
PROTAGONISTA CHRISTOPHER REEVE · CO-PROTAGONISTAS NED BEATTY · JACKIE COOPER · GLENN FORD · TREVOR HOWARD
MARGOT KIDDER · VALERIE PERRINE · MARIA SCHELL · TERENCE STAMP · PHYLLIS THAXTER · SUSANNAH YORK
ARGUMENTO DE MARIO PUZO · GUION DE MARIO PUZO, DAVID NEWMAN, LESLIE NEWMAN Y ROBERT BENTON
CONSEJERO CREATIVO TOM MANKIEWICZ · DIRECTOR DE FOTOGRAFIA GEOFFREY UNSWORTH B.S.C.
DISEÑADOR DE PRODUCCION JOHN BARRY · MUSICA DE JOHN WILLIAMS · PRODUCTOR EJECUTIVO ILYA SALKIND · PRODUCIDO POR PIERRE SPENGLER
DIRIGIDO POR RICHARD DONNER · PANAVISION · TECHNICOLOR · UNA PRODUCCION DE ALEXANDER E ILYA SALKIND

SUPERMAN

SINOPSIS

En el planeta Krypton, uno de los miembros de su Consejo Gobernante (Jor-El) descubre que pronto se destruirá el mundo en el que viven, a causa de entrar el planeta en cuestión en la órbita de un sol cercano. Nadie le hace caso, por lo que el citado científico y su esposa Lara, deciden enviar a su pequeño hijo (Kar-El) a la Tierra.

En nuestra atmósfera, el niño extraterrestre posee extraordinarios poderes, pero este hecho sólo es conocido por sus padres adoptivos, los Kent. Cuando fallece su padre, Kar-El, aunque ahora se llama Clark kent, viaja al Artico, donde conoce su origen y su destino. Así nace Superman, quien oculta su personalidad bajo la apariencia de un joven periodista algo atolondrado del diario "Daily Planet", en el que trabaja junto a la decidida reportera Lois Lane y el fotógrafo Jimmy Olsem, y bajo las órdenes del director Perry White.

Superman se dedica a combatir el crimen y la injusticia, teniendo como principal adversario al diabólico Lex Luthor, quien consciente de la causa de los poderes de Superman intenta anularlos mediante el empleo de kryptonita, un fragmento del planeta Krypton. Luthor decide destruir parte de California, pero Superman evitará que consiga su maligno objetivo.

CONSIDERACIONES

El personaje de Superman es uno de los más famosos de los llamados "comics-books" norteamericanos. Fue creado por Jerry Siegel y Joe Shuster en 1938, y pronto fue llevado a la pantalla mediante los llamados filmes de la serie B. luego se realizó una serie de televisión y por fin en 1978, se produjo la presente película que es la de mayor coste de producción en toda la historia del cine, teniendo además el récord de haber proporcionado a un actor el mayor salario conocido hasta el momento, pues Marlon Brando cobró 3,5 millones de dólares por interpretar un pequeño papel no superior a diez minutos.

Ganó el Oscar correspondiente a los mejores efectos especiales y su éxito comercial fue enorme, lo que originó que posteriormente se realizaran otros tres largometrajes ("Superman II", "Superman III" y "Superman IV"), que también tienen como protagonista a Christopher Reeve, quien con Superman alcanzó una notable popularidad.

FICHA TECNICA

Título original . Superman, the movie
Año 1978
Director .... Richard Donner
Guión .... Mario Puzo, David y L. Newman y Robert Benton
Fotografía .... Geoffrey Unsworth
Música .... John Williams
Duración .... 143 minutos
Color

FICHA ARTISTICA

Chistopher Reeve .... Clark Kent
Marlon Brando .... Jor-El
Gene Hackman .... Lex Luthor
Margot Kidder .... Lois Lane
Ned Beatty .... Otis
Glenn Ford .... Jonathan Kent
Jackie Cooper .... Perry White
Valerie Perrine .... Eve
Maria Shell .... Vond-Ah

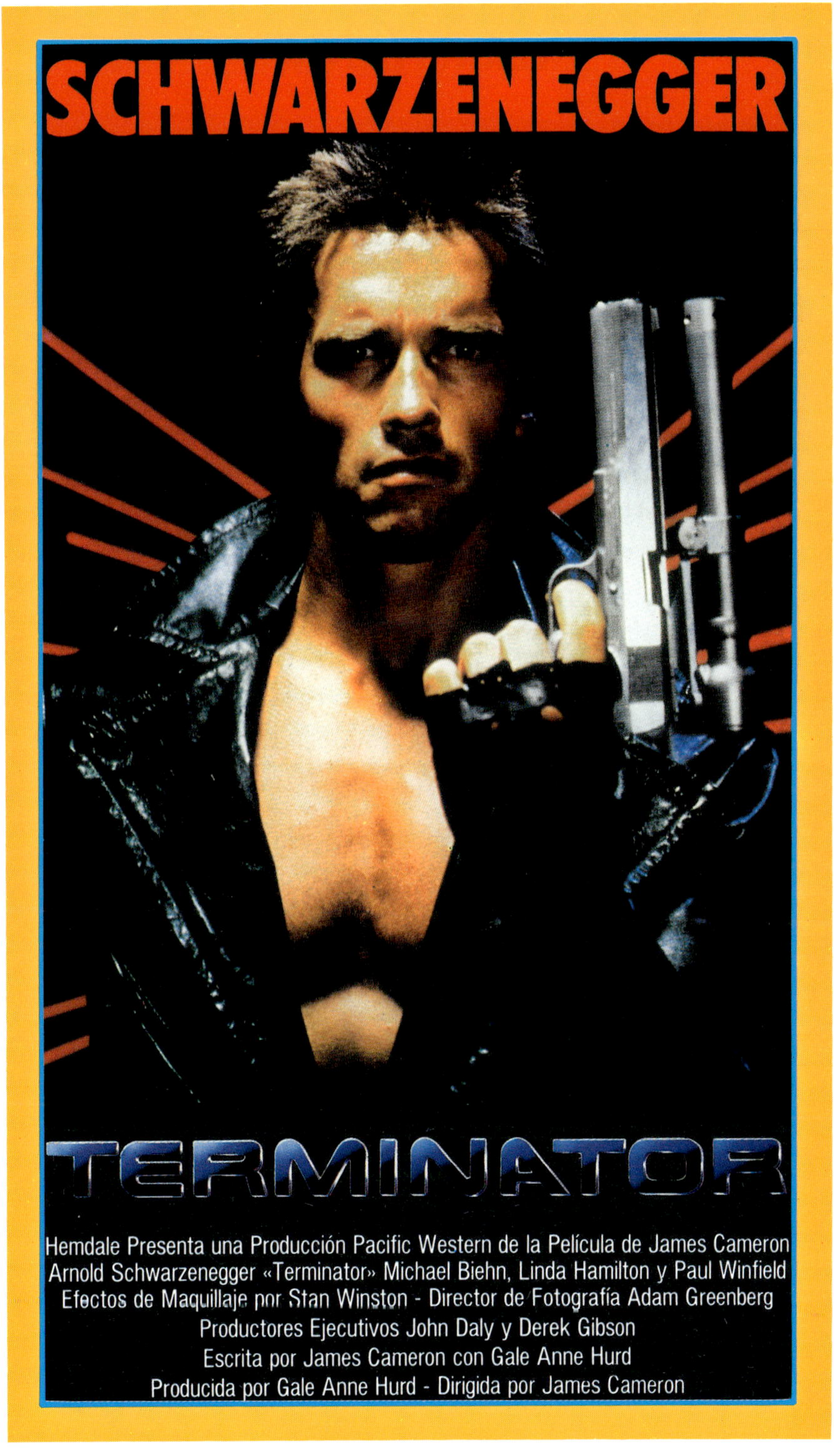
SCHWARZENEGGER
TERMINATOR
Hemdale Presenta una Producción Pacific Western de la Película de James Cameron
Arnold Schwarzenegger «Terminator» Michael Biehn, Linda Hamilton y Paul Winfield
Efectos de Maquillaje por Stan Winston - Director de Fotografía Adam Greenberg
Productores Ejecutivos John Daly y Derek Gibson
Escrita por James Cameron con Gale Anne Hurd
Producida por Gale Anne Hurd - Dirigida por James Cameron

TERMINATOR

SINOPSIS

La historia de este filme arranca con la llegada a la tierra, concretamente a Los Ángeles, de un extraño ser que tiene la misión de eliminar a una joven que podría tener un papel importante en la vida de nuestro planeta, en las próximas décadas. Dicho ser, llamadó «Terminator» es un cyborg; es decir, mitad hombre mitad máquina. Pero no está solo en Los Ángeles, pues casi al mismo tiempo llega a nuestra época Kyle, un luchador de las guerrillas de humanos del futuro, enviado para proteger a la víctima de Terminator, una estudiante que trabaja como camarera y que obviamente no sospecha que es el blanco de toda una conspiración, destinada a evitar que un hijo suyo, que nacerá en un próximo futuro, sea el salvador de la raza humana, condenada a la total extinción por un ejército de máquinas controladas por ordenador y que han decidido que los humanos deben perecer. Así, sólo la muerte de este hombre, John Connor, permitirá la programada destrucción y por eso sólo alterando el pasado, matando a la futura madre, se evitará que John lleve a cabo su salvadora misión.

CONSIDERACIONES

Un filme sumamente comercial, cuya peculiaridad viene dada por la función que el personaje central de la historia, un cyborg del futuro, cumple en nuestra época actual. Así, la mezcla entre seres del futuro y personajes de hoy cruza lo extraordinario y fantástico con lo habitual y cotidiano.

«Terminator» es un título que se ha añadido a la larga lista de excelentes filmes sobre hombres-máquinas, cuyo primer exponente es «Metrópolis», de Fritz Lang.

James F. Cameron logró un merecido prestigio con la dirección de esta, su primera, película, realizando posteriormente otros largometrajes destacables, de carácter fantástico, como «Abyss».

«Terminator» logró el Gran Premio del Festival de Cine Fantástico de Avoriaz en 1985, siendo un título importante para la carrera profesional del musculoso Arnold Schwarzenegger, pues con él evitó encasillarse en el personaje con el que logró triunfar en el mundo del cine: «Conan el bárbaro».

FICHA TECNICA	
Título original	Terminator
Año	1984
Director	James Cameron
Guión	James Cameron y Gale Anne Hurd
Fotografía	Adan Greenberg
Efectos especiales	Stan Winston
Duración	106 minutos
	Color

FICHA ARTISTICA	
Arnold Schwarzenegger	Terminator
Michael Biehn	Kyle Reese
Linda Hamilton	Sarah Connor
Paul Winfield	Traxler
Lance Henriksen	Vukovich
Rick Rossovich	Matt

SCHWARZENEGGER
No Es Nada Personal.
TERMINATOR 2
EL JUICIO FINAL
Un Film de JAMES CAMERON ARNOLD SCHWARZENEGGER "TERMINATOR 2: JUDGMENT DAY" LINDA HAMILTON ROBERT PATRICK
Música de BRAD FIEDEL Efecto especiales STAN WINSTON Imágenes gráficas INDUSTRIAL LIGHT & MAGIC Montaje CONRAD BUFF, MARK GOLDBLATT, A.C.E. y RICHARD A. HARRIS
Diseño de producción JOSEPH NEMEC, III Fotografía ADAM GREENBERG, A.S.C. Co-productores B.J. RACK y STEPHANIE AUSTIN
Producida por GALE ANNE HURD y MARIO KASSAR Escrita por JAMES CAMERON & WILLIAM WISHER Dirigida por JAMES CAMERON

TERMINATOR II

SINOPSIS

En «Terminator 2» tenemos a un nuevo Terminator cuya programación es completamente distinta a la del primer «Terminator». Ahora debe poner todo su empeño en proteger a Sarah Connor y a su hijo John, con vistas a asegurar el triunfo de la Humanidad sobre las máquinas en el año 2019 porque ahora la amenaza no reside en el androide que interpreta Schwarzenegger, ahora el servicio del Bien, sino en otro androide, un ingenio con aspecto humano, cargado de sofisticado armamento y capaz, incluso, de cambiar la materia de su cuerpo cibernético por cualquier otra sustancia. Se llama T-1.000 y está programado para matar a Sarah Connor y, especialmente a John Connor antes del 29 de agosto de 1997, fecha en que se producirá el cataclismo nuclear que convertirá a los seres humanos, a los pocos supervivientes de la hecatombre, en esclavos de las máquinas capitaneadas por el super-ordenador Skynet.

CONSIDERACIONES

82 millones de dólares (unos 10.000 millones de pesetas) de presupuesto eran ya una garantía para pensar que «Terminator 2» sería una película superespectacular y la verdad es que se puede afirmar que Cameron todavía ha superado ese término logrando un film de difícil clasificación por la gran cantidad de extraordinarios efectos especiales que introduce y las altas cotas de violencia que muestra. Con más de 200 millones de dólares de recaudación, tan sólo en los Estados Unidos, «Terminator 2» es, sin duda, uno de los grandes sucesos cinematográficos de los últimos años.

Además, este filme obtuvo cuatro oscar de Hollywood, correspondientes al mejor sonido, efectos de sonido, efectos visuales y maquillaje. Fue además nominado en los apartados relativos al mejor montaje y fotografía.

FICHA TECNICA	
Título original	Terminator 2 Judgment day
Año	1991
Director	James Cameron
Guión	James Cameron y William Wisher
Fotografía	Adam Greenberg
Música	Brad Fiedel
Duración	137 minutos Color

FICHA ARTISTICA	
Arnold Schwarzenegger	Terminator
Linda Hamilton	Sarah Connor
Edward Furlog	John Connor
Robert Patrick	T-1000
Earl Boen	Dr. Silberman
Joe Morton	Miles Dyson

MICHAEL
RENNIE
PATRICIA
NEAL
HUGH
MARLOWE
ULTIMATUM
A LA TIERRA
DIRIGIDA POR ROBERT WISE

ULTIMATUM A LA TIERRA

SINOPSIS

En Washington aterriza una nave espacial ocupada por un extraterrestre y un robot. Klaatu ha venido con la misión de hablar con los representantes de la humanidad, pero es herido accidentalmente por un soldado. Se ve obligado a huir y termina refugiándose en casa de Helen Benson y su hijo. Para llamar la atención del género humano el extraterrestre neutraliza durante veinticuatro horas la energía eléctrica en todo el planeta. Helen, tras conocer su identidad, decide ayudarle a llegar a la nave, que está rodeada por el ejército. Durante el intento, Klaatu muere. El robot guardián le rescata y le devuelve la vida. Klaatu, al pie de la nave, frente a científicos y políticos, advierte a la humanidad que han de cesar los actos de violencia y las guerras; si no, la Tierra será destruida por los robots guardianes. Concluye: «La decisión es vuestra». Tras decir esto la nave despega y desaparece en el espacio.

CONSIDERACIONES

Todo un clásico del cine de ciencia ficción, en el que, frente a lo corriente en los filmes de esa época, que mostraban a los alienígenas como seres malvados y horrorosos, los presenta como algo casi «divino», hasta el punto de que algunos críticos especializados han señalado que esta película fluctúa entre las referencias a la situación política mundial de la época y la alegoría religiosa que supone la llegada de una especie de nuevo «Cristo» que intenta avisar de la locura de una posible guerra atómica.

Inexplicablemente olvidada por la Academia de Hollywood en las nominaciones a los oscars relativos a 1951, «Ultimatum a la Tierra» se realizó con un notable lujo de medios, pues sólo la construcción del platillo volante costó 100.000 dólares. Para las escenas en las que se apagan las luces de todas las ciudades del mundo se escogieron noticiarios cuyas imágenes nocturnas fueron pasadas fotograma a fotograma y congeladas para conseguir el efecto deseado. Más complicado aún fue obviamente la realización de las escenas en las que aparece el ya famoso robot, para las que construyó un modelo gigante de caucho para hacerlo flexible y manejable, escogiéndose a un portero del Teatro Chino de Hollywood, que tenía un altura de dos metros y trece centímetros, para meterse dentro de dicho modelo.

FICHA TECNICA

Título original ...... The day the earth stood still
Año 1951
Director .... Robert Wise
Guión .... Edmund H. North
Fotografía .... Leo Tover
Música .... Bernard Herrmann
Duración .... 90 minutos
Blanco y negro

FICHA ARTISTICA

Michael Rennie .... Klaatu
Patricia Neal .... Helen Benson
Hugh Marlowe .... Tom Stevens
Sam Jaffe .... Dr. Barnhardt
Billy Gray .... Bobby Benson
Frances Bavier........... Señora Barley

JULIAN
WEST

MAURICE
SCHUTZ

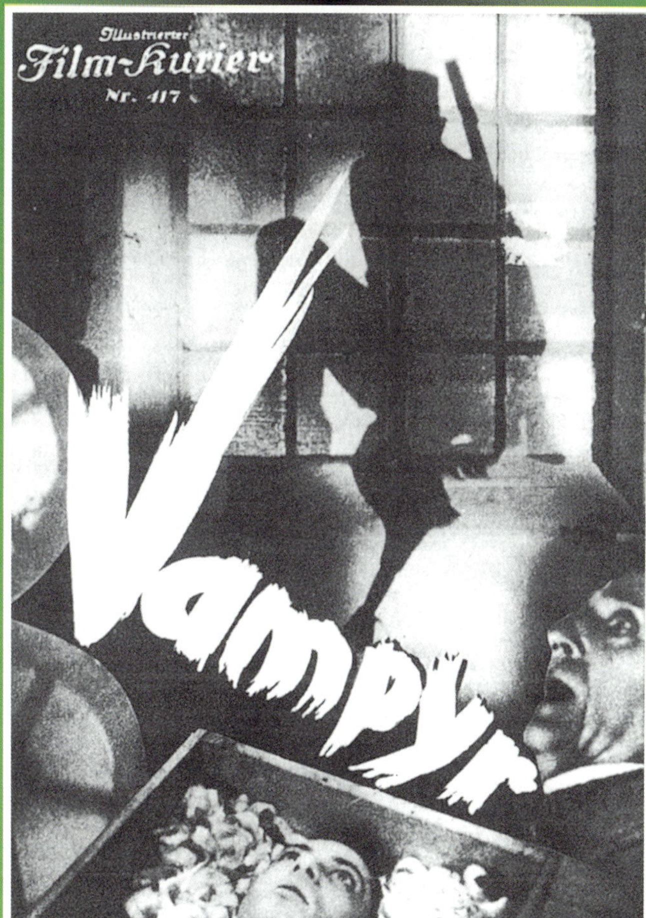

(LA BRUJA VAMPIRO)

DIRECTOR: Carl-Th. DREYER

VAMPYR, LA BRUJA VAMPIRO

SINOPSIS

David Gray, un joven hospedado en un apartado paraje sospecha que está siendo observado por vampiros e incluso llega a vivir la advertencia de un sueño en el que ve su propia muerte, lo que nos introduce en una historia escalofriante que lleva al protagonista a un encuentro con los seres de la noche, precursor de la imaginería cinematográfica dedicada posteriormente a los personajes de los vampiros.

CONSIDERACIONES

Partiendo de varias ideas terroríficas incluidas en relatos de Sheridan Le Fanu, uno de los pioneros literarios en la narrativa sobre vampiros, Carl Theodor Dreyer adaptó «Carmilla», la historia de una mujer que necesitaba la sangre humana para conservar su vida ultraterrena y su belleza. La propuesta del cambio de sexo del vampiro consiguió añadir una parafernalia erótica al tema.

En el apartado de las anécdotas cabe destacar el protagonista de Julian West en el papel de David Gray. West era el seudónimo que empleó para ponerse ante las cámaras el barón Nicolás de Gunzburg, que había aportado el dinero necesario para producir esta película.

FICHA TECNICA	
Título original	Vampyr
Año	1931
Director	Carl Theodor Dreyer
Guión	Christen Jul y Carl Dreyer
Fotografía	Rudolph Mate y Louis Nee
Música	Wolfgan Zeller
Duración	83 minutos Blanco y negro

FICHA ARTISTICA	
Julian West	David Gray
Sybille Smichdt	Leóne
Maurice Schultz	El hombre del castillo
Rena Mandel	Giséle
Albert Bras	El criado
Henriette Gerard	Margarita Chopin

VIAJE ALUCINANTE
CON
STEPHEN BOYD · RAQUEL WELCH · EDMOND O'BRIEN
ARTHUR O'CONELL · WILLIAM REDFIELD · DONALD PLEASENCE
ARTHUR KENNEDY
Producida por SAUL DAVID · Dirigida por RICHARD FLEISCHER · Guión de HARRY KLEINER ·
Adaptación de DAVID DUNCAN · Basado en un relato de OTTO CLEMENT, JAY LEWIS BIXBY ·
Música de LEONARD ROSENMAN

VIAJE ALUCINANTE

SINOPSIS

Un equipo de científicos, uno de ellos mujer (Raquel Welch), son miniaturizados, puestos en una cápsula diminuta e inyectados dentro del cuerpo de una cientista. Su trabajo es llegar a su cerebro y liberar un coágulo de sangre, una misión de alto riesgo ya que el cientista es un hombre de enorme importancia que había sido dañado por el enemigo de manera de que sus secretos no cayeran en manos de los americanos. El viaje a través de su sistema arterial es un éxito, a pesar de que uno de los miembros del equipo fuese un agente enemigo.

CONSIDERACIONES

Una obra maestra en el ámbito del cine de ciencia ficción, gracias al equipo técnico de la misma, comenzando por el responsable de la fotografía, Ernest Laszlo, quien nos ofrece pasajes increíbles cuando la diminuta nave en la que viajan los protagonistas atraviesa el sistema sanguíneo humano y se introduce en los pulmones, cubiertos de grandes gotas de alquitrán.

«Viaje Alucinante» obtuvo el óscar de Hollywood correspondiente a los mejores efectos especiales, siendo nominado para los relativos a los mejores efectos de sonido y mejor fotografía en color. Ha inspirado al reciente filme «El chip prodigioso» y marcó una nueva línea de producción para los largometrajes del género, al realizarse con un costoso reparto de actores y con un elevado número de expertos en el ámbito técnico. Además, su guión presenta una notable base científica, encaminada a lograr un mayor verismo.

FICHA TECNICA

Título original	Fantastic Voyage
Año	1966
Director	Richard Fleischer
Guión	Harry Kleiner
Fotografía	Ernest Lazslo
Música	Leonard Rosenman
Duración	100 minutos Color

FICHA ARTISTICA

Stephen Boyd	Grant
Raquel Welch	Cora Peterson
Edmond O'Brien	General Carter
Donald Pleasence	Doctor Michaels
Arthur O'Connell	Coronel Donald
Arthur Kennedy	Doctor Duval
Jean Del Val	Jan Benes

LOS VIAJEROS
DE LA NOCHE
(NEAR DARK)
DIRIGIDA POR KATHRYN BIGELOW

LOS VIAJEROS DE LA NOCHE

SINOPSIS

En Oklahoma, durante una calurosa noche de verano, Cal tropieza con una extraña muchacha que parece aterrorizada por la llegada del nuevo día. El muchacho acepta acompañarla dando principio a una pesadilla que va a ponerle en contacto con un grupo de vampiros empeñados en incluirle en su club de la inmortalidad. Una vez introducido en esta especie de banda, Cal se ve obligado a dejar abandonados a su padre y a su hermana, mientras vaga de una ciudad a otra buscando víctimas con las que alimentar su sed de sangre y huyendo de la luz del día. Sin embargo, todavía no ha sido vampirizado totalmente y tiene una posibilidad de recuperar su humanidad.

CONSIDERACIONES

A pesar de ser una creación completa sobre el tema vampírico, y despertar a toda una legión de admiradores entre las generaciones más jóvenes de espectadores, esta película pasó sin pena ni gloria por la cartelera nacional, con una promoción prácticamente inexistente. Los protagonistas de la historia son un grupo poco común de chupadores de sangre que recuerdan a las criaturas de Sam Peckimpah en su carácter marcadamente crepuscular y autodestructivo. Tres compañeros en el reparto de «Aliens, el regreso» se reunieron para formar la banda de vampiros protagonistas: Lance Henriksen, Jeanette Goldstein y Bill Paxton.

Considerado por las revistas especializadas del cine fantástico como el mejor largometraje de ficción sobre vampiros producido en la década de los años ochenta, «Los viajeros de la noche» fue dirigido por Kathryn Bigelow, ex-compañera sentimental del realizador James Cameron, que debutaba como realizadora en solitario con esta película, y contó como director artístico con Stephen Altman, hijo del director Robert Altman. El maquillaje corrió a cargo de Gordon Smith, que cubrió la misma función en «Platoon» y «Salvador», ambas de Oliver Stone.

El principal problema del rodaje surgió por el hecho de que en su mayor parte hubo de desarrollarse por la noche, con temperaturas bajo cero y serios inconvenientes de iluminación.

FICHA TECNICA

Título original	Near Dark
Año	1988
Director	Katrhyn Bigelow
Guión	Eric Red y K. Bigelow
Fotografía	Adam Greenberg
Música	Tangerine Dream
Duración	95 minutos
	Color

FICHA ARTISTICA

Adrian Pasdar	Caleb
Jenny Wright	Mae
Lance Henriksen	Jesse
Bill Paxton	Severen
Jeanette Goldstein	Diamongblack
Tim Thomerson	Loy

BETSY PALMER
ADRIENNE KING
HARRY CROSBY
VIERNES, 13
DIRIGIDA POR:
SEAN S. CUNNINGHAM

VIERNES 13

SINOPSIS

El argumento de esta película comienza en realidad en 1957, cuando el pequeño Jason Voorhees moría ahogado en un campamento de verano mientras sus cuidadores hacían el amor. Un año más tarde, dos monitores son asesinados en este mismo campamento, por lo que es clausurado, hasta que el 13 de junio de 1980, Steve Christy (Peter Brouwer) decide reabrirlo, reuniendo a un grupo de monitores quienes son, uno a uno, asesinados hasta que la joven Alice (Adrianne King), la única superviviente, descubre que la autora de estos crímenes es la madre del pequeño Jason, quien intenta, por el medio que sea, mantener el campamento cerrado para siempre.

CONSIDERACIONES

Este filme ha dado lugar a la mayor saga cinematográfica de la historia, en el campo del cine terrorífico-fantástico, ya que, en concreto, se han realizado ocho continuaciones del mismo, que son las siguientes: «*Viernes 13. Segunda Parte*» (Friday the 13th. Part 2), dirigida por Steve Miner en 1981. «*Viernes 13. Tercera Parte*» (Friday the 13th. Part 3), también dirigida por Steve Miner en 1982. «*Viernes 13. Último Capítulo*» (Friday the 13th. The final chapter), dirigida por Joseph Zitto en 1984. «*Viernes 13. Parte V. Un nuevo comienzo*» (Friday the 13th. The Part V. A new beginning), dirigida en 1985 por Danny Steinmann. «*Viernes 13. Sexta Parte. Jason vive*» (Friday the 13th. Jason Lives), de Tom McLoughin (1986). «*Viernes 13. Séptima Parte*» (Friday the 13th. Part 7. The new blood), dirigida en 1988 por John Carl Buechler. «*Viernes 13. Parte VIII*» (Friday the 13th. Jason takes Manhattan), que dirigió en 1989 Rob Hedden, y «*Jason goes to hell. The final friday*», dirigida en 1993 por Adam Marcus.

A través de estos nueve largometrajes, ciento cuarenta personas son asesinasdas, por lo que algunos comentaristas han denominado a esta saga «el muestrario de crímenes».

Lo cierto es que la presente película, inspirada claramente en el filme «La noche de Halloween», logró, con un argumento sumamente simple, un gran éxito comercial, siendo destacables a todas luces el trabajo llevado a cabo por Tom Savini, uno de los grandes especialistas en el campo del maquillaje.

«Viernes 13» tuvo un presupuesto de 700.000 dólares, logrando sin embargo recaudar en taquilla más de 17 millones de dólares.

FICHA TECNICA	
Título original	Friday the 13 th
Año	1981
Director	Sean S. Cunningham
Guión	Victor Miller
Fotografía	Barry Abrams
Música	Harry Manfredini
Duración	94 minutos
	Color

FICHA ARTISTICA	
Betsy Palmer	Sra. Voorhees
Adrienne King	Alice
Kevin Bacon	Jack
Harry Crosby	Bill
Laurie Bartram	Brenda
Mark Nelson	Ned